사회성을 키워 주는 사고력 훈련

사회인지 워크북

THINKING TRAINING FOR DEVELOPING SOCIAL SKILLS

SOCIAL COGNITION WORKBOOK

김선경 · 송유하 · 오의정 공저

학지사

머리말

"선생님, 저는 친구들을 사귀고 잘 지내기 위한 방법도 공부하듯 배워요."
"친구들을 만나면 선생님과 공부한 게 생각나죠!"

벌써 진우가 중학생이 되었습니다. 진우는 여섯 살 때 자폐범주성장애로 진단을 받았고 유치원에서부터 자연스럽게 통합교육을 받았습니다. 초등학교 입학 후 학교 적응도 잘하고 학업 성취도 뛰어났지만, 친구들과 어울리는 데는 계속적인 어려움이 있었고 다양한 사회적 상황을 이해하거나 적절하게 행동하는 것을 힘들어하였습니다. 하지만 진우는 한 단계씩 한 단계씩 계단을 올라가듯 성장하였고 스스로도 자신의 발전에 대해 긍정적으로 생각하며 이와 같은 말들을 종종 하였습니다.

✿ 유연하게 사고하기-문제 해결하기

발달에 어려움이 있는 학생들은 많은 경우 사고력을 필요로 하는 과제에 대한 동기가 낮고 그러한 과제 수행을 어려워합니다. 그 이유는 학생들이 다양한 인지 및 언어 발달에서의 지연, 경직된 사고의 특성을 가지고 있기 때문입니다. 또한 그동안 학습 상황에서 학생들이 경험한 문제들은 정해진 하나의 답을 맞히는 것이 대부분이기 때문에 다양하게 생각해 보고 이야기를 나누는 과제는 더 어렵게 생각하기도 합니다. 이 책은 학생들이 자유롭게 생각해 보도록 격려하고, 나와 다른 생각도 포용력 있게 받아들일 수 있도록 생각의 폭을 넓혀 주는 데 목표를 두었습니다. 학생들은 이 교재의 문제들을 풀어 보면서 다양한 생각을 해 볼 수 있는 자신을 발견하고 사고하기 과정에서 점차 자신감을 가지게 될 것입니다.

✿ 추론하기-문제 해결하기

추론하기는 자신이 알고 있는 지식, 정보, 경험한 것들을 바탕으로 결과를 확인하고 결과의 원인을 알아보는 과정입니다. 이러한 과정을 통해 알게 된 결과의 원인은 여러 가지 상황에서 문제를 적절한 방법으로 해결할 수 있도록 도와줍니다. 발달에 어려움이 있는 학생들은 추론 능력에서도 어려움이 있습니다. 다양한 상황에서 주어지는 정보 중 중요한 것에 주의를 집중하기 어려움, 낮은 중앙응집력, 실행기능의 어려움 그리고 특히 다른 사람의 의도를 인지하여 행동을 예측하고 추론할 수 있는 마음이해의 결함 등에서 그 원인을 찾을 수 있습니다. 이 책은 학생들이 타인의 감정을 추론하기, 대화를 추론하기, 상황의 순서를 추론하기, 글을 읽고 맥락을 추론하기, 일상적 상황에서 추론하기, 사회적 상황에서 추론하기 등 다양한 추론하기 과제를 해 볼 수 있도록 만들었습니다. 학생들은 이 책에 수록된 다양한 추론하기 과제를 하나씩 만나 봄으로써 스스로 답을 찾아 가는 즐거움을 가지게 될 것입니다.

✿ 사회성 발달

이 책은 앞서 설명한 사고하기, 추론하기, 문제 해결하기 과제를 통해 궁극적으로는 사회성 발달을 돕는 것에 목표를 둡니다. 일상의 다양한 상황, 사회적 상황을 흥미롭게 제시하였으며 문제에서 주요한 단서를 찾고 타인의 행동, 언어를 주의 깊게 관찰하기에서부터 시작하여 점차 추론 능력을 기르며 문제를 해결하고 사회성 발달을 기를 수 있도록 도와줍니다.

이 책은 이화여자대학교 아동발달센터에서 발달에 어려움이 있는 아이들과 청소년들을 오랜 시간 동안 만나고 지도해 온 저자들이 실제 교육현장에서 만들고 사용하였던 교재들을 정리하여 모은 것입니다. 따라서 이 책의 내용은 센터에서 많은 아이와 이야기를 나누며 사용해 본 것들이며, 대부분의 아이가 이 교재로 공부하는 시간을 즐거워하고 기다리곤 하였습니다. 이러한 학생들의 반응이 저희에게는 큰 격려와 힘이 되어 『사회성을 키워 주는 사고력 훈련: 사회인지 워크북』이라는 이름으로 책을 만들게 되었습니다.

이 책은 발달 정도에 따라 유아부터 초등학생, 중 · 고등학생에게도 사용할 수 있도록 내용을 구성하였습니다. 보다 효과적으로 사용하기 위해서 같은 문제라도 문제를 제시하는 방법, 학생들이 답하는 방법을 학생들의 특성에 맞추어 다양하게 사용하시기를 추천합니다.

저희 선생님들과 같이 즐겁게 공부해 준 많은 아이와 항상 선생님들을 믿고 자녀들을 맡겨 주시는 부모님들께 감사의 말씀을 드립니다.

저자 일동

차례

[책의 구성 및 활용방법]

왜?	'친구는 왜 갑자기 학교에 안경을 쓰고 왔을까?' '부모님은 신발을 사 주실 때 왜 항상 조금 큰 신발을 사 주실까?'와 같이 일상 속에서 왜 이런 일이 일어났는지 생각해 볼 수 있는 질문을 모았습니다. 아이와 함께 이야기 나누며 각 사건의 원인에 대해 생각해 보세요. 이를 통해 상황을 예측하는 능력을 기를 수 있습니다. 아이가 정답을 맞히는 것보다 다양한 답을 생각해 내는 것이 중요합니다. 아이가 자신의 생각을 자유롭게 말할 수 있도록 도와주세요.
어떻게?	'학교에서 발표를 할 때 너무 떨려요. 어떻게 하면 떨지 않고 씩씩하게 발표를 할 수 있을까요?' '동생이 감기에 걸렸어요. 남은 가족이 감기에 걸리지 않으려면 어떻게 하면 좋을까요?'와 같이 일상생활에서 마주칠 수 있는 다양한 문제 상황을 제시하고 각 상황에서 해결 방법을 떠올려 볼 수 있도록 구성하였습니다. 문제 해결에 정해진 답은 없습니다. 아이의 답이 최선의 해결책이 아니더라도, 조금 엉뚱하더라도 무조건 틀렸다고 하기보다는 '네가 말한 방법대로 하면 어떻게 될까?'와 같은 질문을 통해 아이 스스로 적절한 해결 방법을 찾을 수 있도록 격려해 주세요. 다양한 답을 고민하는 과정에서 생각하는 힘도 길러지고 사고도 유연해집니다.
감정 추론	아이는 자신의 감정을 이해하고 말로 표현할 수 있어야 그 감정을 조절할 수 있고, 상대방의 감정에 대해서도 공감할 수 있습니다. 아이가 다양한 감정 단어를 배울 수 있도록 여러 가지 상황을 제시하였습니다. 각 상황에 어울리는 감정 단어를 찾아보세요. 그리고 아이는 언제 그러한 감정을 느끼는지 이야기를 나누어 보세요. 선생님 · 부모님의 경험도 이야기해 주시면 더 도움이 됩니다.
대화 추론	또래 친구와 상호작용을 원하지만 무슨 말을 해야 할지 몰라서 대화를 주고받기 어려운 경우가 많습니다. 대화의 일부를 보고 친구의 말을 추론해 보면서 자연스럽게 친구의 질문에 반응하고, 적절한 질문을 하는 기술을 배울 수 있도록 하였습니다. 특히 사회적인 목적으로 의사소통하는 데 어려움이 있는 아이들을 위해 친구와의 자연스러운 대화 상황을 담았습니다. 또한 대화 상황을 문어체가 아니라 아이들이 실제 사용하는 구어체로 기술하였습니다. 대화를 완성한 후에는 아이와 역할극을 통해 대화 연습을 해 보셔도 좋습니다.
맥락 추론	가족들과 소풍을 가기로 했는데, 소풍이 갑자기 취소되었습니다. 중간에 무슨 일이 있었을까요? 이처럼 짧은 글을 읽고 빠진 곳에 알맞은 글을 넣어 이야기를 완성해 보는 문제를 담았습니다. 이를 통해 글의 앞뒤 맥락을 파악하여 추론할 수 있는 능력이 길러집니다.
순서 추론	일련의 사건이 일어나는 3~4장의 그림 카드를 보고 사건이 일어난 순서를 맞추어 보면서 인과관계, 시간적 관계를 이해하고 배울 수 있도록 구성하였습니다. 순서를 맞춘 후에는 왜 그렇게 생각했는지, 그림에서 무엇을 보고 알았는지 이야기를 나누어 보세요. 그리고 더 나아가 아이의 말이나 글로 그림의 내용을 표현해 보도록 지도해 주시면 아이의 표현력과 문장력 향상에도 도움이 됩니다.
일상 상황 추론	추론이란 글이나 말에서 직접적으로 언급되지 않은 내용을 맥락을 통해 파악하거나 자신이 가지고 있는 배경지식을 활용해 미루어 생각하는 능력입니다. 어렵지 않은 일상 속 이야기에 아이의 생각이나 경험을 이끌어 낼 수 있는 질문을 담아 추론을 연습할 수 있도록 구성하였습니다. 제시한 질문을 활용해서 아이와 대화를 나누는 것처럼 재미있게 지도해 주세요.
사회적 상황 추론	아이들이 가정이나 학교에서 자주 접할 수 있는 사회적 상황을 이야기로 제시하였습니다. 특히 친구 관계에서 실수하기 쉬운 다소 복잡하고 어려운 상황을 선별하여 모았습니다. 이야기를 읽고 이야기 속 인물들의 마음을 추측해 보고, 이러한 상황에서 어떻게 행동하는 것이 좋을지 이야기 나누어 보세요. 다양한 상황을 미리 경험해 봄으로써 아이는 실제 사회적 상황에서 상대방의 생각이나 감정을 보다 잘 이해하고, 유연하게 행동할 수 있게 됩니다.

1. 왜?

다음 문장을 읽고 '왜?'를 묻는 질문에 답해 보세요.

❶ 준영이는 감기에 걸려서 학교에 가지 못했다.
준영이는 왜 학교에 가지 못했나요?

예 감기에 걸려서

❷ 비가 내려서 소풍이 취소되었다.
소풍은 왜 취소되었나요?

❸ 미미는 떡볶이가 너무 매워서 먹지 못했다.
미미는 왜 떡볶이를 먹지 못했나요?

❹ 민성이는 길이 막혀서 수업에 늦었다.
민성이는 왜 수업에 늦었나요?

❺ 정훈이는 거짓말을 해서 엄마에게 야단을 맞았다.
정훈이는 왜 엄마에게 야단을 맞았나요?

❻ 소민이는 배가 아파서 약을 먹었다.
소민이는 왜 약을 먹었나요?

❼ 호호는 발을 잘 씻지 않아서 발 냄새가 지독하다.
호호의 발 냄새는 왜 지독한가요?

다음 문장을 읽고 '왜?'를 묻는 질문에 답해 보세요.

8 오늘은 승환이의 생일이라서 아침에 미역국을 먹었다.

오늘 아침에 왜 미역국을 먹었나요?

9 더운 여름에 우유를 냉장고에 넣지 않았더니 상했다.

우유는 왜 상했나요?

10 준이는 숙제를 하지 않고 게임만 하다가 엄마에게 야단을 맞았다.

준이는 왜 엄마에게 야단을 맞았나요?

11 로미는 인사를 잘해서 옆집 할머니께 칭찬을 받았다.

로미는 왜 옆집 할머니께 칭찬을 받았나요?

12 서윤이는 크리스마스에 갖고 싶었던 장난감을 선물로 받아 기뻤다.

서윤이는 왜 기뻤나요?

13 해윤이는 엄마가 항상 동생만 예뻐하는 것 같아 섭섭했다.

해윤이는 왜 섭섭했나요?

14 동현이는 버스에서 깜빡 잠이 들어서 정류장에서 내리지 못했다.

동현이는 내려야 할 버스 정류장에서 왜 내리지 못했나요?

다음과 같은 일이 왜 일어났는지 생각해 보고 원인을 이야기해 보세요.

1. 이가 썩었다.

   예 왜냐하면 사탕, 젤리, 아이스크림같이 단 음식을 너무 자주 먹고 이를 깨끗이 닦지 않았기 때문이다.

2. 병원에 가서 주사를 맞았다.

3. 머리를 잘랐다.

4. 연필을 깎았다.

5. 찬물을 마셨다.

다음과 같은 일이 왜 일어났는지 생각해 보고 원인을 이야기해 보세요.

6 친구가 갑자기 안경을 쓰고 학교에 왔다.

7 작년에 입던 바지를 입으려고 했는데 작아서 입을 수가 없다.

8 도서관에 갔는데 책을 빌리지 못했다.

9 빵집에 빵을 사러 갔는데 빵을 못 사고 돌아왔다.

10 놀이터에 갔는데 들어가지 말라고 입구에 줄이 처져 있다.

다음과 같은 일이 왜 일어났는지 생각해 보고 원인을 이야기해 보세요.

⑪ 아침에 늦게 일어났다.

⑫ 차를 타고 가는데 길이 너무 막힌다.

⑬ 학교 가는 길에 막 뛰어갔다.

⑭ 우리 집 화단에 싹이 났다.

⑮ 여름인데 감기에 걸렸다.

다음과 같은 일이 왜 일어났는지 생각해 보고 원인을 이야기해 보세요.

⑯ 담임 선생님께서 안 오시고, 모르는 선생님께서 들어오셨다.

---

⑰ 급식에 맛있는 반찬이 나와서 더 먹고 싶었는데 먹지 못했다.

---

⑱ 개학 전날에 밤늦게까지 숙제를 했다.

---

⑲ 학교에서 사이렌이 울렸다.

---

⑳ 수업 시간에 부모님들이 교실에 들어오셨다.

다음과 같은 일이 왜 일어났는지 생각해 보고 원인을 이야기해 보세요.

21 엄마 아빠가 회사에 안 가고 집에 계신다.

22 아빠가 아침에 회사를 가시다가 금방 다시 돌아오셨다.

23 심부름으로 마트에 갔다가 아무 것도 사지 못하고 돌아왔다.

24 가족들과 여행을 가다가 휴게소에 들렀다.

25 아이스크림을 무척 좋아하지만, 오늘은 먹고 싶지 않았다.

다음과 같은 일이 왜 일어났는지 생각해 보고 여러 가지 원인을 이야기해 보세요.

❶ 학교에 지각을 했다.

예 ① 늦잠을 자서 늦었다.

② 아침을 먹기 싫었는데 억지로 천천히 먹다가 늦었다.

③ 어제 숙제를 안 하고 그냥 자서 아침에 급하게 숙제를 하느라 늦었다.

④ 준비물을 깜빡해서 다시 집에 갔다 오느라 늦었다.

❷ 학교에 가지 않았다.

①

②

❸ 친구들과 신나게 웃었다.

①

②

❹ 친구와 놀이터에서 놀다가 싸웠다.

①

②

❺ 체육 시간인데 운동장에 나가지 못했다.

①

②

다음과 같은 일이 왜 일어났는지 생각해 보고 여러 가지 원인을 이야기해 보세요.

❻ 선생님께 칭찬을 받았다.

①

②

❼ 선생님께서 몹시 화가 나셨다.

①

②

❽ 시험을 잘 보지 못했다.

①

②

❾ 선생님을 찾으러 교무실에 갔다.

①

②

❿ 친구가 책상에 엎드려 울고 있다.

①

②

왜 그런지 이유를 생각해 보세요.

❶ 아기는 배고프면 운다.

예 아기는 아직 말을 못 해서 배고프면 울음으로 표현하기 때문이다.

❷ 아기는 기저귀를 찬다.

❸ 아기는 유모차를 탄다.

❹ 할머니는 계단을 올라가실 때 빨리 걷지 못하신다.

❺ 할아버지는 책을 보실 때마다 돋보기안경을 찾으신다.

왜 그런지 이유를 생각해 보세요.

❻ 엄마(아빠)는 마트에 가실 때 사야 할 물건을 메모지에 적어서 가신다.

❼ 엄마(아빠)는 신발을 사 주실 때 언제나 조금 큰 신발을 사 주신다.

❽ 엄마(아빠)는 내일 날씨가 어떤지 꼭 알아보신다.

❾ 엄마(아빠)는 내가 갖고 싶어 하는 장난감을 다 사 주시지는 않는다.

❿ 엄마(아빠)는 내가 좋아하지 않는 반찬도 자주 만들어 주신다.

왜 그런지 이유를 생각해 보세요.

⑪ 엄마(아빠)는 꼭 숙제를 먼저 하고 놀라고 하신다.

⑫ 엄마(아빠)는 나에게 조금 힘든 일도 혼자 힘으로 해 보라고 하신다.

⑬ 엄마(아빠)는 요리할 때 창문을 여신다.

⑭ 엄마(아빠)는 설거지할 때 고무장갑을 끼고 하신다.

⑮ 엄마(아빠)는 쉬는 날에는 늦잠을 주무신다.

왜 그런지 이유를 생각해 보세요.

⑯ 놀이터에서 놀고 집에 들어갈 때는 옷과 신발을 잘 턴다.

⑰ 창문을 열 때 방충망이 닫혀 있는지 확인한다.

⑱ 강아지를 산책시킬 때는 목줄을 꼭 채운다.

⑲ 수영장에서는 수영모를 꼭 써야 한다.

⑳ 샤워를 하고 나서는 수건으로 몸을 잘 닦고 밖으로 나온다.

왜 그런지 이유를 생각해 보세요.

21 햇빛이 따가울 때는 선크림을 얼굴과 팔에 바르고 나간다.

22 비가 올 때는 장화를 신는다.

23 비가 올 때는 놀이터에서 놀이 기구를 타지 않는다.

24 여름에 선글라스를 쓴다.

25 태풍이 불 때는 되도록 외출하지 않는다.

다음 글을 읽고 틀린 부분을 찾아 왜 틀렸는지 말해 보고, 바르게 고쳐 보세요.

❶ 민수는 수영장에서 잠옷을 입고 수영을 했다.

예 (잠옷) → (수영복)

❷ 가영이는 신호등이 빨간불이 될 때까지 기다렸다가 횡단보도를 건너갔다.

( ) → ( )

❸ 준서는 집에서 커다란 악어를 키우고 있다.

( ) → ( )

❹ 준이는 아빠의 방귀 냄새가 고약해서 귀를 막았다.

( ) → ( )

❺ 호호는 오늘 날씨가 너무 쌀쌀해서 반바지를 꺼내 입었다.

( ) → ( )

❻ 민준이네 가족은 서울역에서 비행기를 타고 부산에 갔다.

( ) → ( )

❼ 미미가 가장 좋아하는 과일은 삼겹살이다.

( ) → ( )

다음 글을 읽고 틀린 부분을 찾아 왜 틀렸는지 말해 보고, 바르게 고쳐 보세요.

8 정인이는 가족들과 배를 타러 산에 갔다.

( ) → ( )

9 상빈이는 옆집에서 검은 연기가 나는 것을 보고 112에 신고했다.

( ) → ( )

10 소미는 오늘 미세먼지가 심해서 창문을 열어 놓았다.

( ) → ( )

11 태윤이는 여름 방학 때 동생이랑 커다란 눈사람을 만들었다.

( ) → ( )

12 수아는 친구들과 놀이터에서 포클레인을 타고 놀았다.

( ) → ( )

13 소미는 배가 몹시 아파서 해열제를 먹었다.

( ) → ( )

14 수미는 크리스마스에 한복을 입고 할아버지, 할머니께 세배를 드렸다.

( ) → ( )

다음 글을 읽고 틀린 부분을 찾아 왜 틀렸는지 말해 보고, 바르게 고쳐 보세요.

⑮ 보미는 엄마와 책을 사러 도서관에 갔다.

( ) ➜ ( )

⑯ 예준이는 산에 갔다가 빨갛게 단풍이 든 은행잎이 예뻐서 주워 왔다.

( ) ➜ ( )

⑰ 윤수는 길에 떨어진 지갑을 주워 집으로 가져갔다.

( ) ➜ ( )

⑱ 하윤이는 다리를 다쳐서 엄마와 이비인후과에 갔다.

( ) ➜ ( )

⑲ 승빈이는 겨울에는 모기가 많아서 방충망을 잘 닫고 잔다.

( ) ➜ ( )

⑳ 태율이는 봄 소풍에서 겨울잠을 자고 일어난 고양이를 보았다.

( ) ➜ ( )

㉑ 승민이는 열을 재기 위해 체중계를 가지고 왔다.

( ) ➜ ( )

다음 글을 읽고 틀린 부분을 찾아 왜 틀렸는지 말해 보고, 바르게 고쳐 보세요.

㉒ 소민이는 지금이 몇 시인지 궁금해서 달력을 보았다.

( ) → ( )

㉓ 진우는 내일 날씨가 어떤지 알아보려고 TV를 틀어 드라마를 보았다.

( ) → ( )

㉔ 지호는 지구를 보호하기 위해 일회용품을 많이 사용한다.

( ) → ( )

㉕ 은지는 텃밭에서 땅속에 심어져 있는 감을 캤다.

( ) → ( )

㉖ 재민이는 수영한 후에 잊지 않고 꼭 준비운동을 한다.

( ) → ( )

㉗ 민호네 반은 음악 시간에 팀을 나누어 피구를 했다.

( ) → ( )

㉘ 지민이는 연필이 뭉툭해져서 손톱깎이로 연필을 깎았다.

( ) → ( )

다음 글을 읽고 틀린 부분을 찾아 왜 틀렸는지 말해 보고, 바르게 고쳐 보세요.

29 호민이와 누나는 어린이날을 맞아 트리를 예쁘게 꾸몄다.

( ) → ( )

30 민주는 머리를 자르려고 편의점에 갔다.

( ) → ( )

31 도윤이는 여름 방학마다 엄마 아빠와 함께 스키장에 간다.

( ) → ( )

32 준이는 키가 더 크고 싶어서 매일 우유도 많이 마시고 잠도 늦게 잔다.

( ) → ( )

33 정우는 내일 날씨가 추워진다고 하니 눈사람이 녹을까 봐 걱정이 되었다.

( ) → ( )

34 생일날 엄마가 끓여 주신 미역국을 포크로 떠먹었다.

( ) → ( )

35 올해 초등학교를 졸업하고 내년에 고등학교에 입학할 것을 생각하니 설렜다.

( ) → ( )

다음 글을 읽고 틀린 부분을 찾아 왜 틀렸는지 말해 보고, 바르게 고쳐 보세요.

36 아파트 쓰레기장에서 향기로운 냄새가 나서 모두 코를 막았다.

( ) → ( )

37 올림픽에서 대한민국 양궁 팀이 1등을 해서 선수들이 모두 은메달을 받았다.

( ) → ( )

38 학교 수업이 끝나고 등굣길에 친구들과 떡볶이를 먹으러 갔다.

( ) → ( )

39 음악회 때 민주는 바이올린을 불었다.

( ) → ( )

40 친구들과 같이 청소하면 더 힘들고 더 깨끗하게 청소할 수 있다.

( ) → ( )

41 설날에는 가족들과 송편을 먹고 즐거운 시간을 보낸다.

( ) → ( )

42 팔이 불편하신 할머니는 외출하실 때 지팡이가 필요하시다.

( ) → ( )

다음 글을 읽고 틀린 부분을 찾아 왜 틀렸는지 말해 보고, 바르게 고쳐 보세요.

43 아빠는 국이 너무 싱거워서 설탕을 넣었다.

( ) → ( )

44 오늘은 엄마 생신이라 꽃집에 가서 생일 케이크를 샀다.

( ) → ( )

45 에어컨을 틀었는데도 너무 더워서 에어컨 온도를 더 올렸다.

( ) → ( )

46 강아지가 길에 앉아 있는 고양이를 보자 무서워서 꼬리를 살랑살랑 흔들었다.

( ) → ( )

47 친구와 이야기할 때에는 꼭 존댓말을 써야 한다.

( ) → ( )

48 옆 반과 축구 시합을 했는데 준수가 홈런을 쳐서 우리 반이 이겼다.

( ) → ( )

49 저녁에 해가 뜰 때 하늘을 보니 노을이 너무 예뻤다.

( ) → ( )

다음 주장의 근거(이유)를 생각하고 이야기해 보세요.

❶ 매일 운동을 하자.

예 왜냐하면 매일 운동을 해야 몸이 튼튼해지고 면역력도 생겨서 쉽게 아프지 않기 때문이다.

❷ 음식을 골고루 먹자.

왜냐하면

❸ 날씨에 맞는 옷을 입자.

왜냐하면

❹ 외출 후에는 손을 깨끗이 씻자.

왜냐하면

❺ 밤에는 일찍 자자.

왜냐하면

다음 주장의 근거(이유)를 생각하고 이야기해 보세요.

❻ 인사를 잘하자.

왜냐하면 ______________________________

____

❼ 책을 많이 읽자.

왜냐하면 ______________________________

____

❽ TV나 휴대폰으로 동영상을 너무 오래 보지 말자.

왜냐하면 ______________________________

____

❾ 약속 시간을 잘 지키자.

왜냐하면 ______________________________

____

❿ 친구들과 놀이할 때 규칙을 잘 지키자.

왜냐하면 ______________________________

____

다음 주장의 근거(이유)를 생각하고 이야기해 보세요.

⑪ 놀이터의 놀이 기구를 안전하게 타자.

왜냐하면 ____________________

____

⑫ 버스나 지하철에서 큰 소리로 떠들지 말자.

왜냐하면 ____________________

____

⑬ 자동차에 탈 때 안전벨트를 바르게 매자.

왜냐하면 ____________________

____

⑭ 교실이나 복도에서는 뛰지 말자.

왜냐하면 ____________________

____

⑮ 길을 걸어가면서 휴대폰을 사용하지 말자.

왜냐하면 ____________________

____

다음 주장의 근거(이유)를 생각하고 이야기해 보세요.

⑯ 물건을 사용한 후에는 제자리에 가져다 놓자.

왜냐하면 ______

⑰ 도서관에서 빌린 책은 낙서하지 말고 소중히 다루자.

왜냐하면 ______

⑱ 나뭇가지나 꽃을 꺾지 말자.

왜냐하면 ______

⑲ 마트에 갈 때는 장바구니를 가지고 가자.

왜냐하면 ______

⑳ 재활용품은 분리수거해서 버리자.

왜냐하면 ______

2. 어떻게?

다음 문장을 읽고 '어떻게?'를 묻는 질문에 답해 보세요.

1. 현우는 아이스크림을 많이 먹어서 배탈이 났다.
   현우는 아이스크림을 많이 먹어서 어떻게 되었나요?
   예 배탈이 났다.

2. 날씨가 몹시 추워서 한강이 꽁꽁 얼었다.
   날씨가 몹시 추워서 한강이 어떻게 되었나요?

3. 미연이는 휴대폰을 보면서 길을 걸어가다가 돌에 걸려 넘어졌다.
   미연이는 휴대폰을 보면서 길을 걸어가다가 어떻게 되었나요?

4. 동민이는 추운 날에 옷을 얇게 입고 나갔다가 감기에 걸렸다.
   동민이는 추운 날에 옷을 얇게 입고 나갔다가 어떻게 되었나요?

5. 태풍이 불어서 도로에 가로수가 많이 쓰러졌다.
   태풍이 불어서 어떻게 되었나요?

6. 비가 많이 내려서 중현이는 우산을 써도 옷이 다 젖었다.
   비가 많이 내려서 중현이의 옷이 어떻게 되었나요?

7. 유은이는 선크림을 바르지 않고 해변에서 놀다가 피부가 따가워졌다.
   유은이는 선크림을 바르지 않고 해변에서 놀다가 어떻게 되었나요?

다음 문장을 읽고 '어떻게?'를 묻는 질문에 답해 보세요.

❽ 승훈이는 내일이 수학 시험이라서 밤늦게까지 공부를 했다.
승훈이는 내일이 수학 시험이라서 어떻게 했나요?

---

❾ 민서는 감기가 심해서 약을 먹고 집에서 하루 종일 쉬었다.
민서는 감기가 심해서 어떻게 했나요?

---

❿ 하준이는 준비물을 챙기지 않아서 짝에게 빌렸다.
하준이는 준비물을 챙기지 않아서 어떻게 했나요?

⓫ 승빈이는 날씨가 너무 더워서 엄마와 팥빙수를 먹으러 갔다.
승빈이는 날씨가 더워서 어떻게 했나요?

⓬ 소미는 심심해서 동생과 놀이터에 나가 놀았다.
소미는 심심해서 어떻게 했나요?

⓭ 민우는 달리기 시합에서 중간에 넘어졌지만 다시 일어나 끝까지 뛰었다.
민우는 달리기 시합에서 중간에 넘어졌지만 어떻게 했나요?

⓮ 미미는 친구와 화해를 하려고 사과 편지를 썼다.
미미는 친구와 화해를 하려고 어떻게 했나요?

만약에 다음과 같은 일이 일어나면 어떻게 되는지 결과를 상상해 보세요.

1 피자와 햄버거를 매일 먹으면 어떻게 될까요?

예 건강이 나빠진다.

살이 많이 찔 수 있다.

2 창밖으로 물건을 던지면 어떻게 될까요?

3 우리 집에 냉장고가 없다면 어떻게 될까요?

4 한글을 모른다면 어떻게 될까요?

5 부모님이 저녁을 차려놓고 기다리시는데 계속 TV를 보고 있으면 어떻게 될까요?

만약에 다음과 같은 일이 일어나면 어떻게 되는지 결과를 상상해 보세요.

❻ 도로에 신호등이 사라지면 어떻게 될까요?

---

❼ 오랜 기간 비가 내리지 않으면 어떻게 될까요?

---

❽ 우리나라에 여름만 계속된다면 어떻게 될까요?

---

❾ 학교가 문을 닫아 일 년 내내 방학이면 어떻게 될까요?

---

❿ 학교에 선생님이 안 계신다면 어떻게 될까요?

다음의 글을 읽고 어떻게 하면 좋을지 여러 가지 생각을 해 보세요.

❶ 학교에서 집으로 가려고 하는데 갑자기 비가 내려요. 우산이 없는데 어떻게 하면 좋을까요?

예 ① 우리 집과 방향이 같은 친구에게 부탁해서 같이 쓰고 간다.

② 집에 부모님이 계시면 전화해서 우산을 가져다 달라고 부탁한다.

③ 비가 그칠 때까지 조금 기다려 본다.

❷ 동생이 감기에 걸렸어요. 남은 가족이 감기에 걸리지 않으려면 어떻게 하면 좋을까요?

①

②

③

❸ 오늘은 엄마의 생신이에요. 돈이 없어서 선물을 사지는 못하지만, 엄마를 기쁘게 해 드리고 싶은데 어떻게 하면 좋을까요?

①

②

③

다음의 글을 읽고 어떻게 하면 좋을지 여러 가지 생각을 해 보세요.

❹ 동생은 그네를 무서워서 못 타요. 어떻게 하면 동생이 그네를 재미있게 탈 수 있을까요?

①

②

③

❺ 엄마가 외출하신 후 동생이 엄마가 보고 싶다고 울고 있어요. 어떻게 하면 동생을 잘 달래줄 수 있을까요?

①

②

③

❻ 매일 학교가 끝나면 강아지와 산책을 해요. 그런데 산책하러 갔다가 강아지를 잃어 버렸어요. 어떻게 하면 강아지를 찾을 수 있을까요?

①

②

③

다음의 글을 읽고 어떻게 하면 좋을지 여러 가지 생각을 해 보세요.

7 토요일 아침, 엄마 아빠와 놀이공원에 가기로 했는데 비가 내려서 못 가게 되었어요. 어떻게 하면 오늘 하루를 재미있게 보낼 수 있을까요?

①

②

③

8 이번 여름 방학 때 가족 여행을 가기로 했는데 엄마 아빠가 가고 싶은 곳과 나와 내 동생이 가고 싶은 곳이 달라요. 여행 갈 곳을 어떻게 정하면 좋을까요?

①

②

③

9 시골에 계신 할머니 댁에 가기로 했어요. 세 시간 동안 자동차를 타고 가야 해서 너무 지루할 것 같아요. 어떻게 하면 재미있게 차를 타고 갈 수 있을까요?

①

②

③

다음의 글을 읽고 어떻게 하면 좋을지 여러 가지 생각을 해 보세요.

⑩ 친구랑 둘이서 먹으려고 과자 한 봉지를 샀어요. 어떻게 하면 똑같이 나누어 먹을 수 있을까요?

①

②

③

⑪ 물을 마시려고 하는데 너무 뜨거워요. 어떻게 하면 빨리 식힐 수 있을까요?

①

②

③

⑫ 시원하게 먹으려고 냉동실에 주스를 넣어 놓았더니 꽝꽝 얼었어요. 어떻게 하면 빨리 마실 수 있을까요?

①

②

③

다음의 글을 읽고 어떻게 하면 좋을지 여러 가지 생각을 해 보세요.

⑬ 할머니께 생신 선물을 드리려고 해요. 어떻게 하면 할머니께서 마음에 들어 하시는 선물을 살 수 있을까요?

①

②

③

⑭ 형이 시험을 못 봐서 기분이 나쁜가 봐요. 방에 들어가 있는 형을 기분 좋게 해 주려면 어떻게 하면 좋을까요?

①

②

③

⑮ 아빠와 높은 계단을 올라가려고 하는데 너무 힘들어요. 어떻게 하면 힘들지 않고 재미있게 올라갈 수 있을까요?

①

②

③

다음의 글을 읽고 어떻게 할지 생각해서 뒤에 펼쳐질 이야기를 만들어 보세요.

❶ 민하는 주말에 가족들과 함께 놀이공원에 놀러 갔어요. 놀이 기구를 타러 가는 길에 혼자 솜사탕 가게를 구경 갔다가 그만 길을 잃어버리고 말았어요. 예 민하는 갑자기 너무 무서워서 울고 싶었지만 선생님과 부모님이 길을 잃었을 때 어떻게 해야 하는지 가르쳐 주신 것이 생각났어요. 그래서 용기를 내어 솜사탕 가게에 들어가 주인아주머니께 엄마(아빠)에게 전화를 걸어 달라고 부탁을 드렸어요. 아주머니의 전화를 받고 엄마(아빠)가 금방 민하를 찾으러 솜사탕 가게로 오셨어요.

❷ 지성이가 베란다에서 엄마를 도와 빨래를 널고 있는데 옆집에서 검은 연기가 나는 것이 보였어요.

❸ 유빈이는 수업을 마치고 집으로 가는 길이었어요. 골목길을 혼자 걸어가고 있는데 처음 보는 아저씨가 이름을 물어보셨어요.

다음의 글을 읽고 어떻게 할지 생각해서 뒤에 펼쳐질 이야기를 만들어 보세요.

4 엄마가 잠깐 마트에 다녀오신다고 해서 미미는 혼자 집을 보고 있었어요. 그런데 '딩동' 하고 초인종 소리가 들렸어요. 인터폰으로 보니 모르는 사람이에요.

5 준서와 엄마는 할아버지께 드릴 선물을 사러 백화점에 가는 길이었어요. 버스에서 내리자 길 건너편에 백화점이 보였어요. 준서와 엄마가 횡단보도를 건너려고 하는데 신호등의 초록 불이 깜빡거렸어요.

6 친구들과 놀이터에서 축구를 하며 놀았어요. 그런데 은찬이가 찬 공이 데굴데굴 굴러가 놀이터 옆에 세워진 자동차 밑으로 들어가 버렸어요.

학교에서 이런 일이 있다면 어떻게 하면 좋을까요?

❶ 학교에 준비물(예: 색종이)을 가지고 가지 못했어요. 준비물을 안 가지고 갔을 때 어떻게 하면 좋을까요?

예 짝꿍이나 앞뒤에 앉은 친구에게 빌려줄 수 있는지 부탁해 보고 안 되면 선생님께 말씀드린다.

❷ 학교에 실내화를 가지고 가지 못했어요. 실내화가 없다면 어떻게 하면 좋을까요?

❸ 물건(예: 연필)을 자꾸 잃어버려요. 물건을 잃어버리지 않으려면 어떻게 하면 좋을까요?

❹ 학교에서 선생님께서 하시는 말씀을 잘 듣지 못했어요. 어떻게 하면 좋을까요?

❺ 수업 시간에 문제를 푸는데 너무 어려워요. 어떻게 하면 좋을까요?

학교에서 이런 일이 있다면 어떻게 하면 좋을까요?

❻ 급식 시간에 내가 싫어하는 반찬이 나왔어요. 어떻게 하면 좋을까요?

❼ 급식 시간에 밥을 너무 늦게 먹어서 매번 제일 마지막까지 혼자 남아요. 어떻게 하면 급식 시간에 맞추어 빨리 먹을 수 있을까요?

❽ 학교에서 지켜야 할 규칙들을 자꾸 잊어서 선생님께 자주 야단을 맞아요. 어떻게 하면 학교 규칙을 잘 기억할 수 있을까요?

❾ 학교에서 발표를 할 때 너무 떨려요. 어떻게 하면 떨지 않고 씩씩하게 발표를 할 수 있을까요?

❿ 학교에서 너무 시끄러운 소리가 날 때(예: 음악 시간) 화가 나거나 불안해요. 어떻게 하면 좋을까요?

학교에서 이런 일이 있다면 어떻게 하면 좋을까요?

⑪ 미술 시간에 다 그린 그림 위에 물이 쏟아졌어요. 어떻게 하면 좋을까요?

⑫ 미술 시간이 끝나 가는데 그림을 다 완성하지 못했어요. 어떻게 하면 좋을까요?

⑬ 수돗가에서 손을 씻다가 옷이 많이 젖었어요. 어떻게 하면 좋을까요?

⑭ 특별실(예: 과학실, 컴퓨터실)에서 수업이 있는데 교실이 어디에 있는지 모르겠어요.

⑮ 친구들과 축구를 하다가 날아오는 공에 안경이 맞았어요. 안경이 부러졌는데 어떻게 하면 좋을까요?

3. 감정 추론

다음 상황에 알맞은 감정을 〈보기〉에서 찾아 써 보세요.

〈보기〉

설레다 고맙다 귀찮다 무섭다 만족스럽다

❶ 엄마는 항상 맛있는 음식을 만들어 주신다.

(예 고맙다)

❷ 내일 소풍을 간다니 잠이 오지를 않는다.

( )

❸ 숙제를 하는데 자꾸 동생이 놀아 달라고 한다.

( )

❹ 이가 아파서 내일 치과에 가기로 했다. 주사를 맞는 건 아니겠지?

( )

❺ 내가 만든 종이비행기가 멀리 날아갔다.

( )

다음 상황에 알맞은 감정을 〈보기〉에서 찾아 써 보세요.

〈보기〉

억울하다　즐겁다　걱정스럽다　자랑스럽다　마음이 놓이다

1. 주말에 놀이공원에 가서 놀았다.
( )

2. 오늘 학교에서 '독서왕' 상장을 받았다.
( )

3. 엄마가 많이 편찮으셔서 하루 종일 누워 계신다.
( )

4. 내가 동생을 때린 것도 아닌데 엄마에게 야단을 맞았다.
( )

5. 밤늦은 시간까지 아빠가 오시지 않아 걱정했는데 방금 막 집에 오셨다.
( )

다음 상황에 알맞은 감정을 〈보기〉에서 찾아 써 보세요.

〈보기〉

설레다　　후련하다　　신기하다　　지루하다　　서럽다

❶ 내일 오랜만에 가족 여행을 가기로 했다.

(　　　　　　)

❷ 이가 계속 흔들렸는데 오늘 드디어 빠졌다.

(　　　　　　)

❸ 놀이 기구를 타려고 하는데 줄이 너무 길어서 오래 기다리고 있다.

(　　　　　　)

❹ 엄마는 동생만 예뻐하는 것 같다.

(　　　　　　)

❺ 바로 눈앞에서 사람이 감쪽같이 사라지는 마술쇼를 보았다.

(　　　　　　)

다음 상황에 알맞은 감정을 〈보기〉에서 찾아 써 보세요.

〈보기〉

놀라다　섭섭하다　통쾌하다　불쌍하다　답답하다

❶ 지나가던 버스에서 갑자기 큰 소리가 났다.
(　　　　　)

❷ 우리 팀이 계속 지기만 하다가 드디어 이겼다.
(　　　　　)

❸ 엘리베이터에 사람이 너무 많이 탔다.
(　　　　　)

❹ 나만 생일 파티에 초대를 못 받았다.
(　　　　　)

❺ 강아지가 아픈지 잘 걷지도 못하고 몸을 웅크린 채 덜덜 떨고 있다.
(　　　　　)

다음 상황에 알맞은 감정을 〈보기〉에서 찾아 써 보세요.

〈보기〉

외롭다　뿌듯하다　안타깝다　화나다　지루하다

❶ 동생이 내가 높이 쌓은 탑을 일부러 무너뜨렸다.
(　　　　　　　)

❷ 열심히 저금을 해서 저금통이 동전으로 가득 찼다.
(　　　　　　　)

❸ 책을 읽고 있는데 너무 재미가 없다.
(　　　　　　　)

❹ 친한 친구가 전학을 가서 놀이터에서 혼자 놀았다.
(　　　　　　　)

❺ 아기 참새가 날개를 다쳐서 날아가지 못하는 모습을 보았다.
(　　　　　　　)

다음 상황에 알맞은 감정을 〈보기〉에서 찾아 써 보세요.

〈보기〉

뿌듯하다 실망스럽다 부끄럽다 섭섭하다 조마조마하다

❶ 나는 책을 좋아하지 않는데, 크리스마스 선물 상자에 책이 들어 있다. ( )

❷ 늘 엄마와 같이 등교했는데, 오늘은 처음으로 혼자서 학교에 갔다. ( )

❸ 엄마에게 만화를 조금만 봤다고 거짓말을 했다. 엄마가 아시면 어떡하지? ( )

❹ 선생님이 친구들 앞에 나와서 노래를 부르라고 하셨다. ( )

❺ 쉬는 시간에 친구에게 같이 보드게임을 하자고 했는데, 친구가 싫다고 했다. ( )

다음 상황에 알맞은 감정을 <보기>에서 찾아 써 보세요.

<보기>

밉다　심심하다　불안하다　부럽다　안타깝다

❶ 숙제를 안 해서 선생님께 혼날 것 같다. (　　　　　)

❷ 형의 친구네 집에 나도 같이 가고 싶었는데 형이 나를 데리고 가지 않았다. (　　　　　)

❸ 나가서 놀지도 못하고 하루 종일 집에만 있다. (　　　　　)

❹ 나도 내 짝꿍처럼 반장이 되고 싶다. (　　　　　)

❺ TV에서 마실 물이 없어 죽어 가는 아프리카 아이들을 보았다. (　　　　　)

다음 상황에 알맞은 감정을 〈보기〉에서 찾아 써 보세요.

〈보기〉

억울하다 안쓰럽다 든든하다 반갑다 후련하다

❶ 여름 방학이 끝나고 개학 날 아침에 오랜만에 만난 친구들과 인사를 했다. ( )

❷ 동생이 감기에 걸려서 기침을 많이 한다. ( )

❸ 줄다리기 시합을 하는데 나는 힘이 센 우리 아빠와 같은 팀이 되었다. ( )

❹ 내가 잘못한 것이 아닌데 선생님께 야단을 맞았다. ( )

❺ 그동안 밀린 숙제를 드디어 모두 제출했다. ( )

다음 상황에 알맞은 감정을 〈보기〉에서 찾아 써 보세요.

〈보기〉

부끄럽다　편안하다　슬프다　초조하다　후회하다

❶ 점심을 먹다가 카레를 흘려서 옷에 잔뜩 묻었는데 친구들이 자꾸 내 옷을 쳐다보는 것 같다. (　　　　　　)

❷ 할머니께서 많이 편찮으시다는 연락을 받았다. (　　　　　　)

❸ 시험을 너무 못 봤다. 공부를 열심히 할 걸 그랬다. (　　　　　　)

❹ 병원에 예방접종을 하러 가서 기다리고 있다. 곧 내 차례다. (　　　　　　)

❺ 숙제를 다 끝내고 침대에 누웠다. (　　　　　　)

다음 상황에 알맞은 감정을 〈보기〉에서 찾아 써 보세요.

〈보기〉

상쾌하다　우울하다　얄밉다　아쉽다　그립다

❶ 친구가 옆을 지나가다가 내 필통을 떨어트렸는데 미안하다고 사과를 하지 않았다. (　　　　　)

❷ 오랜만에 산에 오르니 하늘도 파랗고 공기도 깨끗하다. (　　　　　)

❸ 쉬는 시간에 친구들은 모두 재미있게 놀고 있는데 나만 혼자다. (　　　　　)

❹ 멀리 계셔서 자주 뵙지 못하는 할머니가 보고 싶다. 할머니 생각이 많이 난다. (　　　　　)

❺ 놀이공원에 너무 늦게 가서 조금밖에 못 놀았다. (　　　　　)

4. 대화 추론

다음은 친구와의 대화 중 일부입니다. 친구는 무슨 말을 했을까요? 빈칸에 알맞은 말을 생각해 보세요.

❶ 친구: 안녕. 내 이름은 준이야. 네 이름은 뭐니?

나 : 안녕. 나는 소미야.

친구: 예 너는 무슨 운동 좋아해?

나 : 나는 축구를 좋아해.

❷ 친구: 뭐 해?

나 : 책 읽고 있어.

친구:

나 : 공룡 이야기 책 읽고 있어.

❸ 친구: 생일 축하해!

나 : 고마워.

친구:

나 : 응, 자전거 받았어.

❹ 친구: 주말에 뭐 했어?

나 : 여행 다녀왔어.

친구:

나 : 가족들이랑 제주도에 갔다 왔어.

다음은 친구와의 대화 중 일부입니다. 친구는 무슨 말을 했을까요? 빈칸에 알맞은 말을 생각해 보세요.

❺ 친구: 어제 뭐 했어?

나 : 한강 공원에 갔었어.

친구:

나 : 아빠랑 자전거 탔어.

❻ 친구: 너 동생 있어?

나 : 응.

친구:

나 : 이제 일곱 살이야.

❼ 친구: 오늘 학교 끝나고 축구할까?

나 : 미안해. 오늘 할머니 생신이라 집에 일찍 들어가야 해.

친구:

나 : 그래, 좋아. 내일 같이 하자.

❽ 친구: 추석 때 뭐 했어?

나 : 할아버지, 할머니 댁에 다녀왔어.

친구:

나 : 부산이야. KTX 기차 타고 갔다 왔어.

다음은 친구와의 대화 중 일부입니다. 친구는 무슨 말을 했을까요? 빈칸에 알맞은 말을 생각해 보세요.

9 친구: 무슨 일 있었어?

나 : 응, 아침에 엄마한테 혼나서 기분이 안 좋아.

친구:

나 : 아침부터 동생이랑 싸웠거든.

10 친구: 우리 주사위 게임 같이 할래?

나 : 그래, 좋아.

친구:

나 : 내가 이겼다. 그럼 내가 먼저 시작할게.

11 친구: 학교 끝나고 뭐 해?

나 : 수영 배우러 가.

친구:

나 : 아니, 아직 잘 못해. 이제 발차기 배우고 있어.

12 친구: 나는 어른이 되면 선생님이 되고 싶어.

나 : 그래? 정말 멋진 꿈이다. 너는 그렇게 될 수 있을 거야.

친구:

나 : 나는 소방관이 되고 싶어.

다음은 친구와의 대화 중 일부입니다. 친구는 무슨 말을 했을까요? 빈칸에 알맞은 말을 생각해 보세요.

⑬ 친구: 우리 편의점에 라면 먹으러 갈래?

나 : 그래, 좋아.

친구:

나 : 나는 짜장 라면 먹을래.

⑭ 친구: 나는 카드 게임 하고 싶어.

나 : 나는 주사위 게임 하고 싶은데.

친구:

나 : 고마워. 내일은 꼭 카드 게임 같이 할게.

⑮ 친구: 어디 갔다 와?

나 : 도서관에 갔다 오는 길이야.

친구:

나 : 종이접기 책 빌렸어.

⑯ 친구: 너 강아지 키워?

나 : 응, 강아지 키우고 있어.

친구:

나 : 이름은 코코야. 네 살이고.

다음은 친구와의 대화 중 일부입니다. 친구는 무슨 말을 했을까요? 빈칸에 알맞은 말을 생각해 보세요.

⑰ 친구: 너 치킨 좋아해?

나 : 응, 엄청 좋아하지.

친구:

나 : 나는 프라이드치킨 좋아해. 양념치킨은 좀 매워서 별로야.

⑱ 친구: 뭐 하고 있어?

나 : 지하철 게임을 하고 있어.

친구:

나 : 재미있어. 그래, 같이 하자.

⑲ 친구: 나 주말에 놀이공원 갔다 왔어.

나 : 좋았겠다. 나도 작년에 가 봤는데.

친구:

나 : 응, 나도 타 봤지. 엄청 무서운데 그래도 재밌었어.

⑳ 친구: 너는 겨울을 왜 좋아해?

나 : 내 생일이 겨울에 있거든.

친구:

나 : 1월 30일이야.

다음은 친구와의 대화 중 일부입니다. 친구는 무슨 말을 했을까요? 빈칸에 알맞은 말을 생각해 보세요.

21 친구: 너는 무슨 과목을 좋아해?

나 : 나는 수학을 좋아해. 너는?

친구:

나 : 우와, 우리 똑같다.

22 친구: 머리 잘랐어?

나 : 응, 어제 자르고 왔어.

친구:

나 : 고마워.

23 친구: 수학 시험 어땠어?

나 : 너무 어려웠어. 너는?

친구:

나 : 너무 속상해하지 마. 다음에 잘 보면 되지.

24 친구: 지난주에 학교 왜 못 왔어?

나 : 감기 걸려서 많이 아팠어.

친구:

나 : 고마워. 이젠 괜찮아.

다음은 친구와의 대화 중 일부입니다. 친구는 무슨 말을 했을까요? 빈칸에 알맞은 말을 생각해 보세요.

25 친구: 우리 다음 주에 소풍갈 때 뭐 타고 가?

나 : 버스 타고 간대.

친구:

나 : 미안해. 어제 다른 친구랑 같이 앉기로 약속했어.

26 친구: 계단에서 넘어졌는데 무릎에서 피가 나.

나 : 보건실에 가야 할 것 같은데 혼자 갈 수 있어?

친구:

나 : 그래, 내가 같이 가 줄게.

27 친구: 너 달리기 몇 등 했어?

나 : 우리 조에서 1등 했어.

친구:

나 : 대신 넌 줄넘기를 잘하잖아.

28 친구: 너 지금 뭐 먹는 거야?

나 : 젤리 먹고 있어.

친구:

나 : 미안. 나도 아껴 먹는 중이야.

다음은 친구와의 대화 중 일부입니다. 친구는 무슨 말을 했을까요? 빈칸에 알맞은 말을 생각해 보세요.

29 친구:

나 : 그래, 같이 놀자.

30 친구:

나 : 축하해!

31 친구:

나 : 이제는 괜찮아? 많이 아팠겠다.

32 친구:

나 : 그래, 내가 빌려줄게.

33 친구:

나 : 정말 좋겠다.

다음은 친구와의 대화 중 일부입니다. 친구는 무슨 말을 했을까요? 빈칸에 알맞은 말을 생각해 보세요.

34 친구:

나 : 정말 맛있었겠다.

35 친구:

나 : 미안해. 내가 모르고 그랬어.

36 친구:

나 : 고마워. 너도 잘하더라.

37 친구:

나 : 정말 속상했겠다.

38 친구:

나 : 그래, 좋아.

다음은 친구와의 대화 중 일부입니다. 친구는 무슨 말을 했을까요? 빈칸에 알맞은 말을 생각해 보세요.

39 친구:

나 : 우와, 대단한데!

40 친구:

나 : 좋았겠다. 나도 가 보고 싶다.

41 친구:

나 : 아니, 나는 괜찮아.

42 친구:

나 : 정말 잘 어울린다.

43 친구:

나 : 그래? 그럼 나도 조심해야겠다.

다음은 친구와의 대화 중 일부입니다. 친구는 무슨 말을 했을까요? 빈칸에 알맞은 말을 생각해 보세요.

44 친구:

나 : 미안한데 다음에 같이 하자.

45 친구:

나 : 우와, 너무 부럽다.

46 친구:

나 : 내가 도와줄까?

47 친구:

나 : 응, 나도 네가 좋아.

48 친구:

나 : 미안해. 오늘 엄마가 집에 일찍 오라고 하셨어.

다음은 친구와의 대화 중 일부입니다. 친구는 무슨 말을 했을까요? 빈칸에 알맞은 말을 생각해 보세요.

49 친구:

나 : 고마워. 네 말에 용기를 얻었어.

50 친구:

나 : 나도 그런 적 있어. 너무 쓸쓸했겠다.

51 친구:

나 : 형이 나쁘다. 너 많이 화났지?

52 친구:

나 : 너무 속상해하지 마. 다음에 잘하면 되지.

53 친구:

나 : 아니, 난 그냥 교실에서 책 보고 있을래.

다음은 친구와의 대화 중 일부입니다. 친구는 무슨 말을 했을까요? 빈칸에 알맞은 말을 생각해 보세요.

54 친구:

나 : 아니, 나도 비 맞고 가야 할 것 같아.

55 친구:

나 : 응, 그럼 우리 점심시간에 하자.

56 친구:

나 : 나도 몰라. 선생님께 여쭤 보자.

57 친구:

나 : 나도 뉴스에서 봤어. 우리나라 팀이 정말 최고야!

58 친구:

나 : 나도 그래서 등산은 가기 싫더라.

다음은 친구와의 대화 중 일부입니다. 친구는 무슨 말을 했을까요? 빈칸에 알맞은 말을 생각해 보세요.

59 친구:

나 : 이번 방학에 나는 수영을 배울 거야. 그리고 부산에 계신 할머니 댁에도 갈 거야.

60 친구:

나 : 싫어, 나는 버스로 가고 싶어.

61 친구:

나 : 아니, 난 무서운 것은 싫어.

62 친구:

나 : 나도 강아지 키우고 싶다. 너희 집에 가서 강아지 보고 싶어.

63 친구:

나 : 나도 떨려. 잘할 수 있을까?

다음은 친구와의 대화 중 일부입니다. 친구는 무슨 말을 했을까요? 빈칸에 알맞은 말을 생각해 보세요.

64 친구:

나 : 아까 밥 먹다가 카레가 묻었어.

65 친구:

나 : 나는 수학을 제일 좋아해. 어려운 문제도 풀 수 있어.

66 친구:

나 : 아직 다 못 읽었어. 다 읽으면 너 빌려줄게.

67 친구:

나 : 지난주에 제주도에 갔었어. 그래서 학교에 못 온 거야.

68 친구:

나 : 나는 미술 학원만 다녀. 너는?

다음은 친구와의 대화 중 일부입니다. 친구는 무슨 말을 했을까요? 빈칸에 알맞은 말을 생각해 보세요.

69 친구:

나 : 다음에 또 가면 되지, 뭐. 그래도 좀 아쉬웠겠다.

70 친구:

나 : 고마워. 피아노 학원 선생님도 그렇게 말씀해 주셨어.

71 친구:

나 : 아, 깜빡했다. 어쩌지?

72 친구:

나 : 아니, 비가 많이 와서 못 갔어.

73 친구:

나 : 나도 먹고는 싶은데…… 충치 때문에 먹으면 안 돼.

5. 맥락 추론

다음 글의 중간에 알맞은 문장을 넣어 글을 완성해 보세요.

❶ 지난 체육 시간에는 줄넘기를 1개밖에 넘지 못했다. 예 그래서 매일 밤 아빠와 놀이터에 나가서 줄넘기 연습을 했다. 처음에는 걸려서 넘어지기도 하고 힘들었지만 참고 꾸준히 연습했다. 오늘 드디어 10개를 넘었다. 너무 뿌듯하다.

❷ 체육 시간에 달리기를 하다가 그만 넘어졌다.

친구에게 너무 고마웠다.

❸ 수업 시간에 선생님께서 수수께끼를 푸는 사람에게는 사탕을 나누어 주셨다.

나는 너무 속상했다.

❹ 무더운 여름날이었다. 엄마랑 마트에서 아이스크림을 사 왔다.

나는 배가 너무 아파서 밤에 잠을 잘 수가 없었다.

다음 글의 중간에 알맞은 문장을 넣어 글을 완성해 보세요.

❺ 오늘은 날씨가 너무 덥다.

역시 더운 날씨에는 차가운 음식이 최고다!

❻ 지난주부터 이가 계속 흔들렸다.

이제 속이 후련하다.

❼ 형이랑 나는 피자를 먹으러 갔다.

형은 너무 욕심쟁이다.

❽ 놀이공원에 갔는데 솜사탕이 너무 먹고 싶어서 엄마에게 사 달라고 졸랐다.

집에 와서 바로 이를 닦았다.

다음 글의 중간에 알맞은 문장을 넣어 글을 완성해 보세요.

9 TV에서 우리나라와 일본의 올림픽 축구 경기를 보았다.

나는 너무 기뻐서 깡충깡충 뛰었다.

10 거실에서 동생이랑 신나게 공놀이를 했다.

나는 아랫집 할머니께 죄송하다고 말씀드렸다.

11 1학년인 동생이 자기 교실을 못 찾고 울고 있었다.

나는 멋진 형이 된 것 같아서 뿌듯했다.

12 선생님께서 무거운 짐을 든 채로 걸어가고 계셨다.

선생님께서 내 머리를 쓰다듬어 주셨다.

다음 글의 중간에 알맞은 문장을 넣어 글을 완성해 보세요.

⑬ 친구들과 피구를 했다.

친구에게 미안하다고 사과를 했다.

⑭ 어제 남겨 둔 케이크를 먹으려고 냉장고를 열었다.

먹고 싶었는데…… 동생이 밉다.

⑮ 학교 가는 길에 옆집 할아버지를 만났다.

할아버지께 예의 바르다고 칭찬을 받았다.

⑯ 선생님께 혼나서 울고 있었다.

친구에게 감동받았다.

다음 글의 중간에 알맞은 문장을 넣어 글을 완성해 보세요.

⑰ 친구들과 스케이트를 타러 갔다.

엉덩이가 너무 아팠다.

⑱ 아빠와 배를 타고 낚시를 하러 갔다.

오래 기다린 보람이 있었다. 하늘을 날 것 같았다.

⑲ 미술 준비물인 수수깡을 안 가지고 와서 짝꿍 민수에게 빌려 달라고 했다.

너무 섭섭했다.

⑳ 엄마는 진달래꽃을 가장 좋아하신다.

엄마를 기쁘게 해 드리고 싶었는데 엄마는 꽃을 꺾으면 안 된다고 하셨다.

다음 글의 중간에 알맞은 문장을 넣어 글을 완성해 보세요.

21 별 스티커를 10개 모으면 아빠가 자석 필통을 사 준다고 하셨다. 착한 일을 열심히 해서 별 스티커 10개를 모았다.

나는 아빠께 실망했다.

22 친구들과 숨바꼭질을 하는데 나도 술래가 되고 싶었다.

너무 속상했다.

23 내일은 어버이날이다. 나는 문방구에 가서 색종이를 사 왔다.

엄마 아빠가 기뻐하시는 모습을 보니 나도 좋았다.

24 주말에 시골에 계신 할머니 댁에 갔다. 할머니는 밭에서 옥수수를 따고 계셨다.

할머니께 칭찬을 받았다.

다음 글의 중간에 알맞은 문장을 넣어 글을 완성해 보세요.

25 형이랑 같이 TV를 보고 있는데 화장실 쪽에서 바퀴벌레가 기어 나왔다. 나는 너무 무서워 책상 위로 올라갔다.

우리 형은 진짜 대단하다.

26 동생이랑 놀이터에서 그네를 타고 놀고 있었다.

나는 그네에서 내려 동생의 무릎을 살펴보았다.

27 잠을 자는데 귓가에 윙 하는 소리가 들려서 깼다. 모기에게 벌써 물렸는지 손등이 간지러웠다.

아주 통쾌했다.

28 초코우유를 사러 편의점에 갔다.

할 수 없이 딸기우유를 샀다. 그런데 생각보다 맛있어서 놀랐다.

다음 글의 중간에 알맞은 문장을 넣어 글을 완성해 보세요.

29 가족들과 동물원으로 소풍을 가기로 했다.

소풍이 취소되어 속상했다.

30 급식 시간에 줄을 서서 내 차례를 기다리고 있었다.

친구가 너무 얄미웠다.

31 오늘 놀이터에서 길 잃은 강아지 한 마리를 보았다. 밥을 못 먹었는지 배가 쏙 들어가 있었다.

강아지가 기운을 차린 모습을 보니 마음이 놓였다.

32 아빠가 생일 선물로 새 장난감을 사 주셨다.

나는 동생이 너무 미웠다.

다음 글의 중간에 알맞은 문장을 넣어 글을 완성해 보세요.

33 엄마가 감기에 걸려서 누워 계셨다.

엄마는 우리 아들이 최고라고 하셨다.

34 오늘은 할아버지 생신이다.

할아버지는 형에게 고맙다고 하시며 안아 주셨다. 나도 내년 할아버지 생신에는 편지를 써서 드려야 겠다.

35 오늘 급식 메뉴는 내가 제일 좋아하는 닭튀김이었다. 그런데 선생님께서 한 사람당 2개씩만 받을 수 있다고 하셨다.

나는 민지에게 고맙다고 말했다.

36 동생이 열이 많이 나서 해열제를 먹었다.

나는 너무 걱정이 되었다.

다음 글의 중간에 알맞은 문장을 넣어 글을 완성해 보세요.

37 형이랑 달리기 시합을 하면 항상 내가 진다.

형의 씩씩대는 모습을 보니 너무 통쾌했다.

38 오늘은 신발 가게에 가서 신발을 샀다.

다음에는 내가 고른 파란색 신발을 사고 싶다.

39 오늘은 내 생일이다.

나는 너무 서운했다.

40 수학 숙제를 하는데 어려운 문제가 많았다.

너무 뿌듯했다.

다음 글의 중간에 알맞은 문장을 넣어 글을 완성해 보세요.

41 동생이랑 바닷가에서 모래성을 아주 높이 쌓았다. 그런데 파도가 밀려왔다.

걱정했는데 정말 다행이다.

42 아빠와 내가 좋아하는 크림빵을 사러 빵집에 갔다.

내일은 더 일찍 빵집에 가야겠다.

43 나는 받아쓰기 시험에서 50점을 맞았다.

민지가 부러웠다.

44 추석에 가족들과 다 같이 송편을 빚었다.

내가 1등을 했다.

다음 글의 중간에 알맞은 문장을 넣어 글을 완성해 보세요.

45 가족들과 캠핑장에 갔는데 모기가 너무 많았다.

나는 아빠에게 감사했다.

46 뽀로로 동영상을 보고 있는데 민수가 왔다.

민수의 말에 기분이 나빠졌다.

47 엄마가 동생이 어제 먹고 싶다고 했던 스파게티를 만드셨다.

동생은 정말 변덕쟁이다. 결국 엄마는 주먹밥을 만들어 동생에게 주셨다.

48 어버이날이라서 점심을 먹고 내가 설거지를 했다.

나는 엄마를 기쁘게 해 드리고 싶었는데 속상했다. 엄마는 괜찮다고 하셨다.

다음 글의 중간에 알맞은 문장을 넣어 글을 완성해 보세요.

49 언니가 나에게 왜 공책을 찢었냐고 소리를 질렀다.

언니가 내 말을 믿어 주지 않아 억울했다.

50 눈썰매를 타려고 언덕 위로 올라갔다.

아빠가 올라오셔서 같이 타니 마음이 놓였다.

51 친구들과 가위, 바위, 보 놀이를 했다.

나는 민지에게 반칙하는 친구와는 놀지 않겠다고 했다.

52 꽃밭에 앉아 있는 귀여운 참새 사진을 찍고 싶어서 살금살금 다가갔다.

나는 속상했다.

다음 글의 중간에 알맞은 문장을 넣어 글을 완성해 보세요.

53 밤사이 눈이 많이 와서 공원에 나가 눈사람을 만들었다.

너무 속상했다.

54 엄마랑 미용실에 가서 머리를 잘랐다.

다음부터는 이 미용실에 안 오고 싶다.

55 설날에 가족들과 윷놀이를 했는데, 우리 팀이 계속 졌다.

삼촌이 이제 나랑은 윷놀이를 안 한다고 하셨다.

56 엄마와 쿠키를 만들었다.

쿠키를 하나도 먹지 못했다.

다음 글의 중간에 알맞은 문장을 넣어 글을 완성해 보세요.

57 내 짝꿍 지우가 팔에 깁스를 하고 학교에 왔다.

급식 시간에 지우는 웃으며 고맙다고 이야기했다.

58 엄마가 일을 마치고 집에 오실 때 나는 집 앞 놀이터에서 엄마를 기다리곤 한다. 오늘도 엄마를 기다렸다.

엄마에게 무슨 일이 생긴 건 아닌지 걱정이 되었다.

59 횡단보도에서 신호등이 초록 불이 되어 건너려고 차도에 발을 내디뎠다.

엄마는 "정말 조심해야겠다."라고 말씀하시며 조금 전 지나간 오토바이를 쳐다보셨다.

60 엄마, 동생과 함께 극장에 갔다. 동생은 극장 안이 어두워서 무섭다고 울었다.

나는 오늘 연극을 꼭 보고 싶었는데…… 너무 아쉬웠다.

다음 글의 중간에 알맞은 문장을 넣어 글을 완성해 보세요.

61 엄마 아빠와 놀이공원에 가기로 한 날인데 늦잠을 자서 너무 늦게 출발했다.

아빠가 다음에는 일찍 오자고 하셨다.

62 태풍이 불어서 아빠와 등산을 가려던 계획이 취소되었다.

너무 재밌고 신나는 하루였다.

63 이번 크리스마스에는 어떤 선물을 받을지 너무 궁금했다.

산타 할아버지는 내 맘을 모르시나 보다.

64 공원에 있는 바닥분수에서 물놀이를 했다.

자동차 시트까지 젖어서 닦느라 힘들었다.

다음 글의 중간에 알맞은 문장을 넣어 글을 완성해 보세요.

65 지난달부터 수영을 배우는데 맨날 발차기 연습만 한다.

친구가 부럽다.

66 어제저녁 엄마와 아빠가 말다툼을 하셨다.

정말 다행이다.

67 내일은 우리 반 민정이의 생일이다. 민정이가 친구들에게 생일 파티 초대장을 나누어 주었다.

나는 너무 섭섭해서 눈물이 나려고 했다.

68 마트에 갔는데 정말 갖고 싶었던 카드가 있어서 엄마에게 사 달라고 졸랐다. 엄마는 집에 이미 카드가 많아서 안 된다고 하셨다.

엄마는 내가 어린아이처럼 행동해서 많이 속상하다고 하셨다.

다음 글의 중간에 알맞은 문장을 넣어 글을 완성해 보세요.

69 학교에서 쓰레기로 인해 지구가 아프다는 동영상을 보고 왔다.

우리 집 쓰레기가 반쯤 줄어든 것 같다.

70 오늘은 부모님 참관 수업이 있는 날이었다.

나는 저녁에 퇴근하고 오신 엄마에게 섭섭하다고 화를 내었다.

71 날씨가 너무 더워서 형과 수영장에 갔다.

그런데 엄마가 하신 말씀을 깜빡하고 그냥 물속에 들어갈 뻔했다.

72 집에 가는 길에 아이스크림을 사러 편의점에 들어갔다.

그래서 아이스크림을 2개 샀다.

다음 글의 중간에 알맞은 문장을 넣어 글을 완성해 보세요.

73 가족들과 햄버거를 먹으러 갔다. 나는 새우버거를 시켰는데 형이 시킨 치킨버거도 맛있어 보였다.

형이 내 마음을 어떻게 알았지? 형에게 고맙다고 했다.

74 아빠가 만들어 주신 김치볶음밥이 너무 매웠다.

아빠가 서운해 하실 것 같았기 때문이다.

75 주말에 할아버지와 등산을 갔다. 산이 너무 높아서 중간에 그만 내려가고 싶었다.

포기하지 않은 내가 자랑스러웠다.

76 강아지 코코가 어제부터 밥도 안 먹고 자꾸 잠만 잔다. 그래서 코코가 가장 좋아하는 소시지를 주었다.

할 수 없이 동물 병원에 데리고 가야 할 것 같다.

다음 글의 중간에 알맞은 문장을 넣어 글을 완성해 보세요.

77 어항 속에 구피 물고기가 배가 볼록했다. 엄마는 새끼를 낳을 것 같다고 하셔서 나는 하루에도 몇 번씩 어항 속을 살펴보았다.

'아, 언제까지 기다려야 하는 거지?'

78 엄마는 외출하시고 나 혼자 집에 있었다.

엄마가 돌아오셔서 텅 비어 있는 과자 통을 보고 깜짝 놀라 나를 부르셨다.

79 매주 토요일은 대청소 날이다. 아빠는 거실, 엄마는 안방, 나와 형은 공부방을 맡아서 청소한다. 오늘도 다 같이 대청소를 시작했다.

나는 "형, 엄마한테 이를 거야."라고 화를 냈다.

80 엄마랑 빵집에 갔는데 엄마가 나에게 먹고 싶은 빵을 고르라고 하셨다.

엄마는 너무 욕심내지 말라고 하셨다.

다음 글의 중간에 알맞은 문장을 넣어 글을 완성해 보세요.

81 친구들과 물총놀이를 했다.

민지는 "아프잖아."라고 울며 말했다. 우리는 이제부터 얼굴에는 쏘지 않기로 규칙을 정했다.

82 오늘은 달리기 시합이 있었다.

속상한 마음을 꾹 참고 집에 돌아왔는데 엄마를 보니 눈물이 왈칵 쏟아졌다.

83 등굣길에 비가 많이 와서 가방과 옷이 다 젖었다.

나는 소미에게 고맙다고 했다. 비가 오는 날에는 소미처럼 학교에 수건을 가지고 와야겠다고 생각했다.

84 진우는 같은 반 친구들과 키즈카페에 갔다.

진우는 너무 심심했고 혼자가 된 기분이 들었다. 빨리 집에 가고 싶었다.

다음 글의 중간에 알맞은 문장을 넣어 글을 완성해 보세요.

85 오늘은 삼촌이랑 수족관에 가서 신이 났다.

삼촌은 내 손을 잡으면서 "그렇게 하면 물고기들이 놀란다."라고 말씀하셨다. 정말 물고기들이 놀란 것 같았다.

86 식판을 가지고 오다가 넘어져서 음식물이 바닥에 다 쏟아졌다.

선생님께 죄송하기도 하고 감사하기도 했지만 아무 말도 못했다.

87 오늘은 방학식이다. 나는 집에 가면서 민지에게 방학 동안 무엇을 할 것인지 물어보았다.

나도 비행기를 타 보고 싶다고 생각했다.

88 할머니 댁 텃밭에서는 옥수수를 키운다. 그런데 지난주에 큰 태풍이 와서 비가 많이 내렸다.

올해는 할머니가 키우신 옥수수를 먹지 못하겠다.

다음 글의 중간에 알맞은 문장을 넣어 글을 완성해 보세요.

89 놀이공원에서 아빠가 동생에게 풍선을 사 주셨다.

아빠는 동생을 달래며 풍선을 다시 사 주겠다고 하셨다.

90 엄마가 나에게 다음 주부터 혼자 학원에 갈 수 있겠는지 물어보셨다.

나는 엄마에게 자신 있게 대답을 하긴 했지만 걱정이 되었다.

91 급식 시간에 내가 좋아하는 돈가스가 나왔다. 나는 식판에 돈가스를 아주 가득 담았다.

앞으로는 먹을 수 있는 만큼만 담아야겠다고 생각했다.

92 짝꿍 민수가 자기 연필이 없어졌다고 하면서 내 필통에 있는지 보라고 했다. 나는 민수가 날 의심하는 것 같아 기분이 나빴다.

짝꿍 민수는 미안하다고 했다.

다음 글의 중간에 알맞은 문장을 넣어 글을 완성해 보세요.

93 도서관에 갔다. 엄마는 만화책만 보지 말고 동화책도 보라고 하셨다.

엄마가 내가 있는 쪽으로 오실까 봐 조마조마했다.

94 아빠가 흰머리가 많이 있는지 물어보시면서 뽑아 달라고 하셨다.

흰머리가 많다고 하면 아빠가 속상해하실 것 같았기 때문이다.

95 엄마가 외출하신 동안 나는 집에서 3시간이나 컴퓨터 게임을 했다. 엄마가 돌아오셔서 뭐 하고 있었냐고 물으셨다.

엄마에게 대답을 하고 나니 가슴이 너무 두근거리고 떨렸다.

96 아빠는 살이 너무 많이 쪄서 아빠가 제일 좋아하시는 아이스크림, 빵, 치킨, 콜라를 이제 안 드실 거라고 하셨다.

엄마는 아빠에게 "여보, 실망했어요."라고 말씀하셨다.

6. 순서 추론

다음 그림을 보고 일이 일어난 순서에 맞게 □ 안에 번호를 쓰고, 이야기도 만들어 보세요.

예 3 2

1

햇빛이 뜨거워서 화분의 꽃이 시들었다. 물을 주었더니 꽃이 다시 싱싱해졌다.

다음 그림을 보고 일이 일어난 순서에 맞게 □ 안에 번호를 쓰고, 이야기도 만들어 보세요.

다음 그림을 보고 일이 일어난 순서에 맞게 □ 안에 번호를 쓰고, 이야기도 만들어 보세요.

다음 그림을 보고 일이 일어난 순서에 맞게 □ 안에 번호를 쓰고, 이야기도 만들어 보세요.

다음 그림을 보고 일이 일어난 순서에 맞게 □ 안에 번호를 쓰고, 이야기도 만들어 보세요.

다음 그림을 보고 일이 일어난 순서에 맞게 □ 안에 번호를 쓰고, 이야기도 만들어 보세요.

다음 그림을 보고 일이 일어난 순서에 맞게 □ 안에 번호를 쓰고, 이야기도 만들어 보세요.

다음 그림을 보고 일이 일어난 순서에 맞게 □ 안에 번호를 쓰고, 이야기도 만들어 보세요.

다음 그림을 보고 일이 일어난 순서에 맞게 □ 안에 번호를 쓰고, 이야기도 만들어 보세요.

다음 그림을 보고 일이 일어난 순서에 맞게 □ 안에 번호를 쓰고, 이야기도 만들어 보세요.

다음 그림을 보고 일이 일어난 순서에 맞게 □ 안에 번호를 쓰고, 이야기도 만들어 보세요.

다음 그림을 보고 일이 일어난 순서에 맞게 □ 안에 번호를 쓰고, 이야기도 만들어 보세요.

다음 그림을 보고 일이 일어난 순서에 맞게 □ 안에 번호를 쓰고, 이야기도 만들어 보세요.

다음 그림을 보고 일이 일어난 순서에 맞게 □ 안에 번호를 쓰고, 이야기도 만들어 보세요.

다음 그림을 보고 일이 일어난 순서에 맞게 □ 안에 번호를 쓰고, 이야기도 만들어 보세요.

다음 그림을 보고 일이 일어난 순서에 맞게 □ 안에 번호를 쓰고, 이야기도 만들어 보세요.

다음 그림을 보고 일이 일어난 순서에 맞게 □ 안에 번호를 쓰고, 이야기도 만들어 보세요.

다음 그림을 보고 일이 일어난 순서에 맞게 □ 안에 번호를 쓰고, 이야기도 만들어 보세요.

다음 그림을 보고 일이 일어난 순서에 맞게 □ 안에 번호를 쓰고, 이야기도 만들어 보세요.

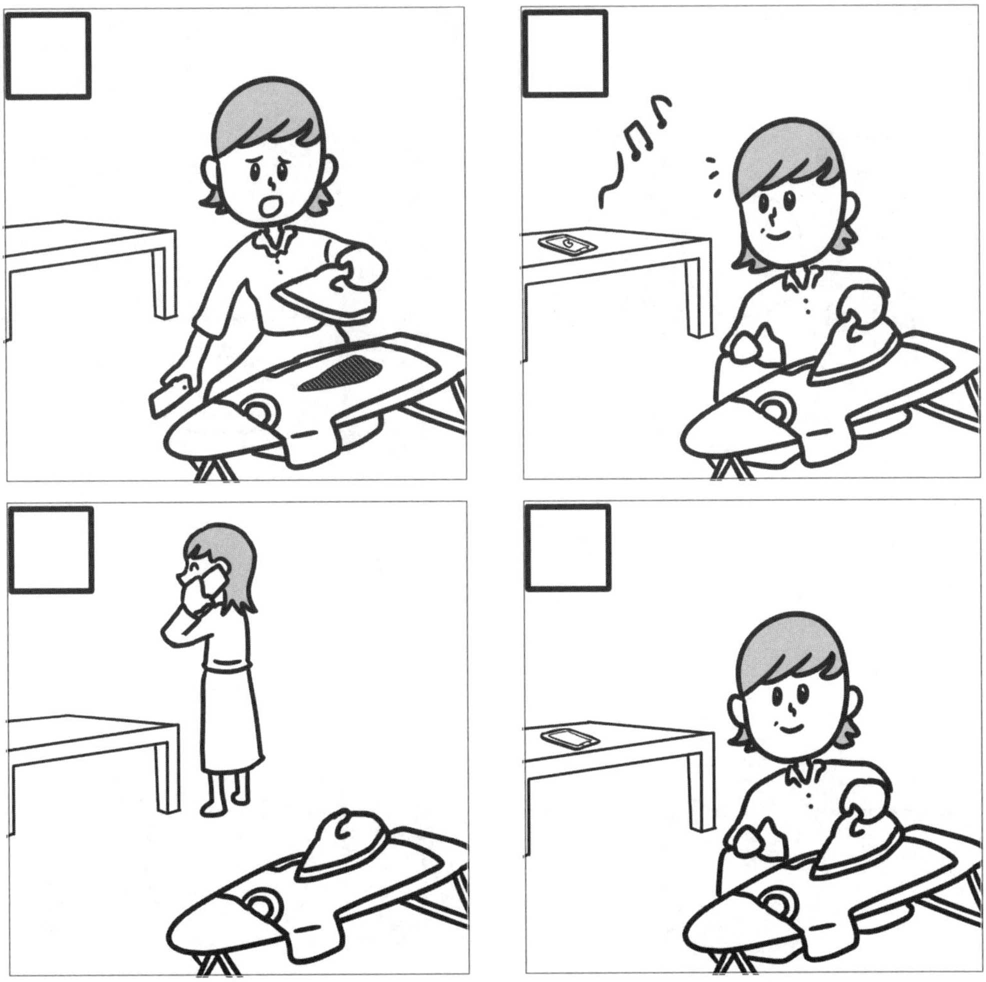

다음 그림을 보고 일이 일어난 순서에 맞게 □ 안에 번호를 쓰고, 이야기도 만들어 보세요.

다음 그림을 보고 일이 일어난 순서에 맞게 □ 안에 번호를 쓰고, 이야기도 만들어 보세요.

다음 그림을 보고 일이 일어난 순서에 맞게 □ 안에 번호를 쓰고, 이야기도 만들어 보세요.

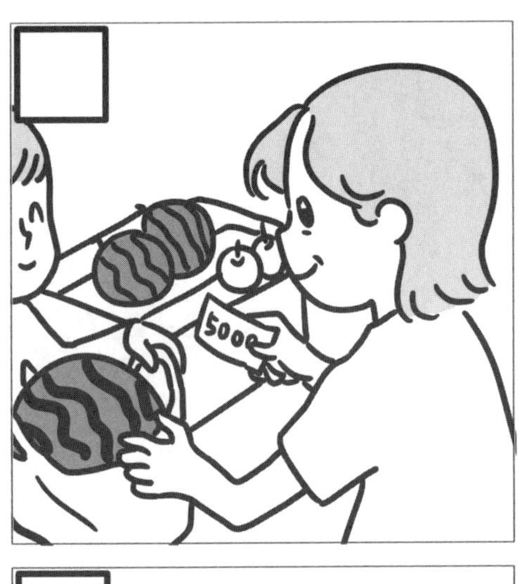

다음 그림을 보고 일이 일어난 순서에 맞게 □ 안에 번호를 쓰고, 이야기도 만들어 보세요.

다음 그림을 보고 일이 일어난 순서에 맞게 □ 안에 번호를 쓰고, 이야기도 만들어 보세요.

다음 그림을 보고 일이 일어난 순서에 맞게 □ 안에 번호를 쓰고, 이야기도 만들어 보세요.

다음 그림을 보고 일이 일어난 순서에 맞게 □ 안에 번호를 쓰고, 이야기도 만들어 보세요.

다음 그림을 보고 일이 일어난 순서에 맞게 □ 안에 번호를 쓰고, 이야기도 만들어 보세요.

다음 그림을 보고 일이 일어난 순서에 맞게 □ 안에 번호를 쓰고, 이야기도 만들어 보세요.

다음 그림을 보고 일이 일어난 순서에 맞게 □ 안에 번호를 쓰고, 이야기도 만들어 보세요.

다음 그림을 보고 일이 일어난 순서에 맞게 □ 안에 번호를 쓰고, 이야기도 만들어 보세요.

다음 그림을 보고 일이 일어난 순서에 맞게 □ 안에 번호를 쓰고, 이야기도 만들어 보세요.

다음 그림을 보고 일이 일어난 순서에 맞게 □ 안에 번호를 쓰고, 이야기도 만들어 보세요.

다음 그림을 보고 일이 일어난 순서에 맞게 □ 안에 번호를 쓰고, 이야기도 만들어 보세요.

다음 그림을 보고 일이 일어난 순서에 맞게 □ 안에 번호를 쓰고, 이야기도 만들어 보세요.

다음 그림을 보고 일이 일어난 순서에 맞게 □ 안에 번호를 쓰고, 이야기도 만들어 보세요.

다음 그림을 보고 일이 일어난 순서에 맞게 □ 안에 번호를 쓰고, 이야기도 만들어 보세요.

다음 그림을 보고 일이 일어난 순서에 맞게 □ 안에 번호를 쓰고, 이야기도 만들어 보세요.

다음 그림을 보고 일이 일어난 순서에 맞게 □ 안에 번호를 쓰고, 이야기도 만들어 보세요.

다음 그림을 보고 일이 일어난 순서에 맞게 □ 안에 번호를 쓰고, 이야기도 만들어 보세요.

□

□

□

□

다음 그림을 보고 일이 일어난 순서에 맞게 □ 안에 번호를 쓰고, 이야기도 만들어 보세요.

다음 그림을 보고 일이 일어난 순서에 맞게 □ 안에 번호를 쓰고, 이야기도 만들어 보세요.

다음 그림을 보고 일이 일어난 순서에 맞게 □ 안에 번호를 쓰고, 이야기도 만들어 보세요.

다음 그림을 보고 일이 일어난 순서에 맞게 □ 안에 번호를 쓰고, 이야기도 만들어 보세요.

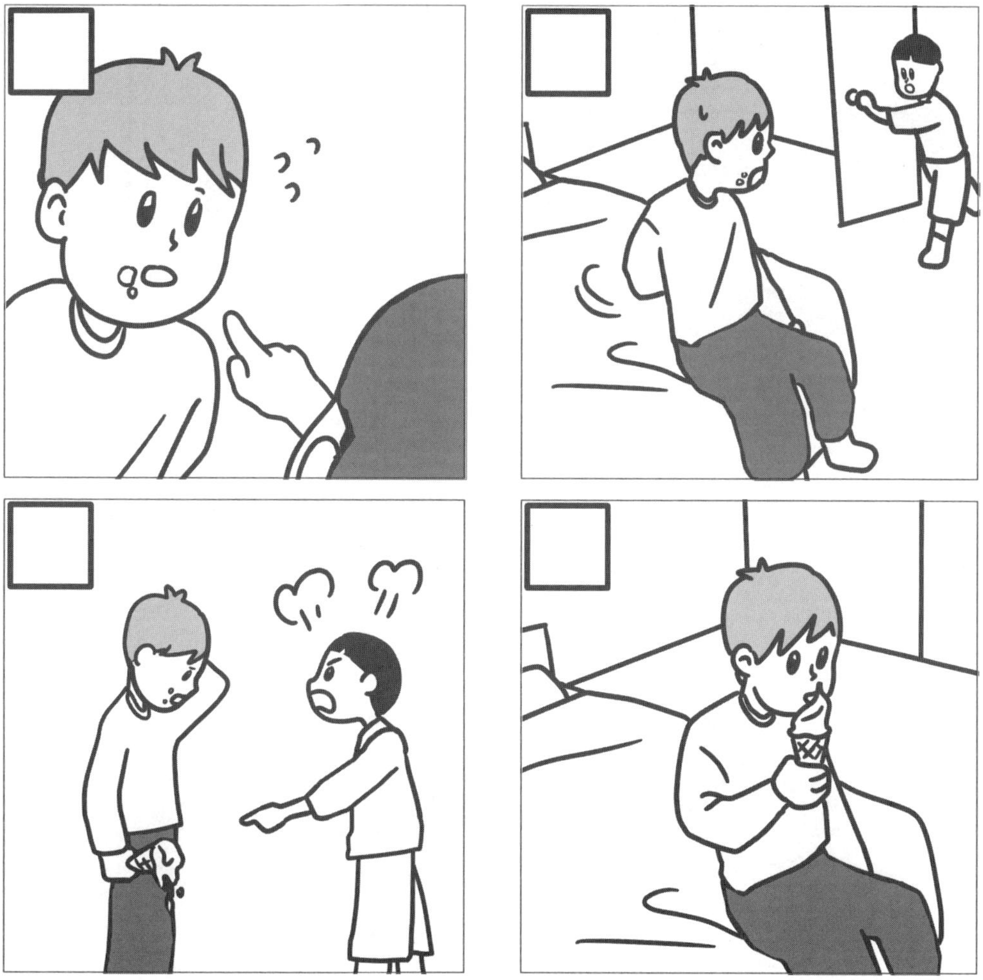

다음 그림을 보고 일이 일어난 순서에 맞게 □ 안에 번호를 쓰고, 이야기도 만들어 보세요.

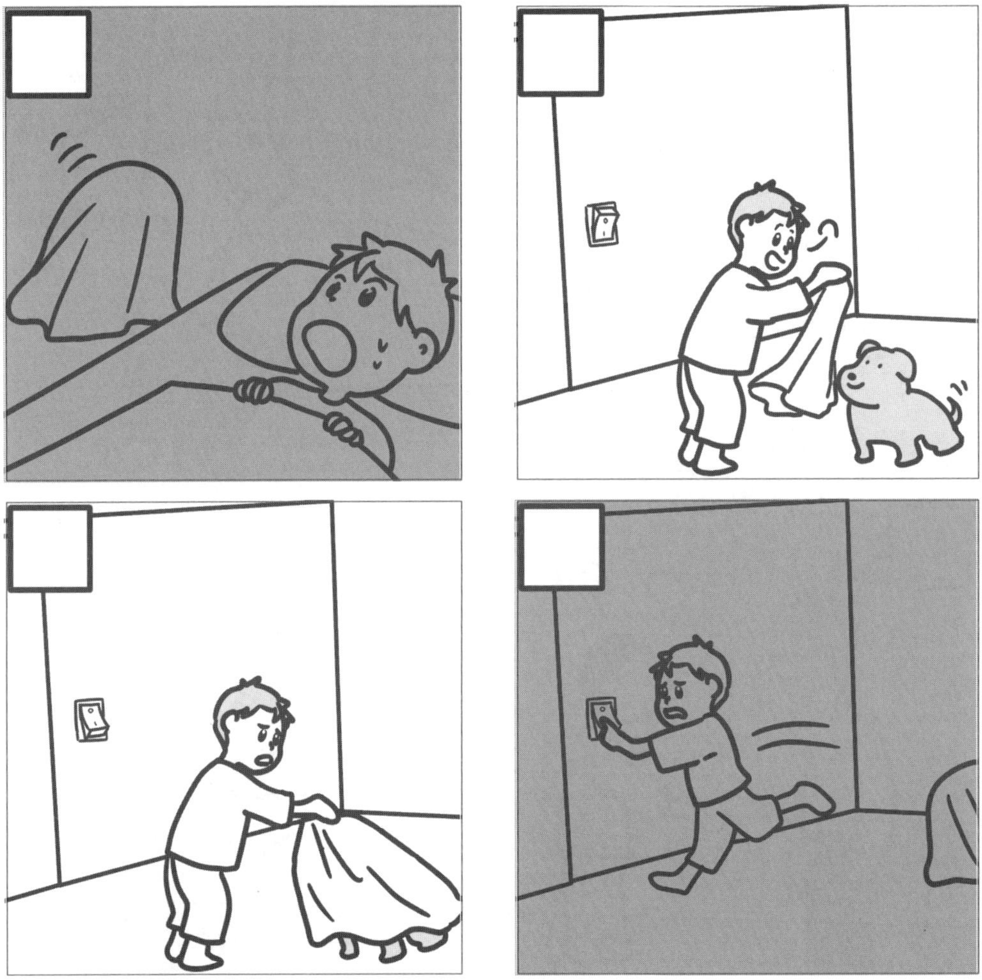

다음 그림을 보고 일이 일어난 순서에 맞게 □ 안에 번호를 쓰고, 이야기도 만들어 보세요.

다음 그림을 보고 일이 일어난 순서에 맞게 □ 안에 번호를 쓰고, 이야기도 만들어 보세요.

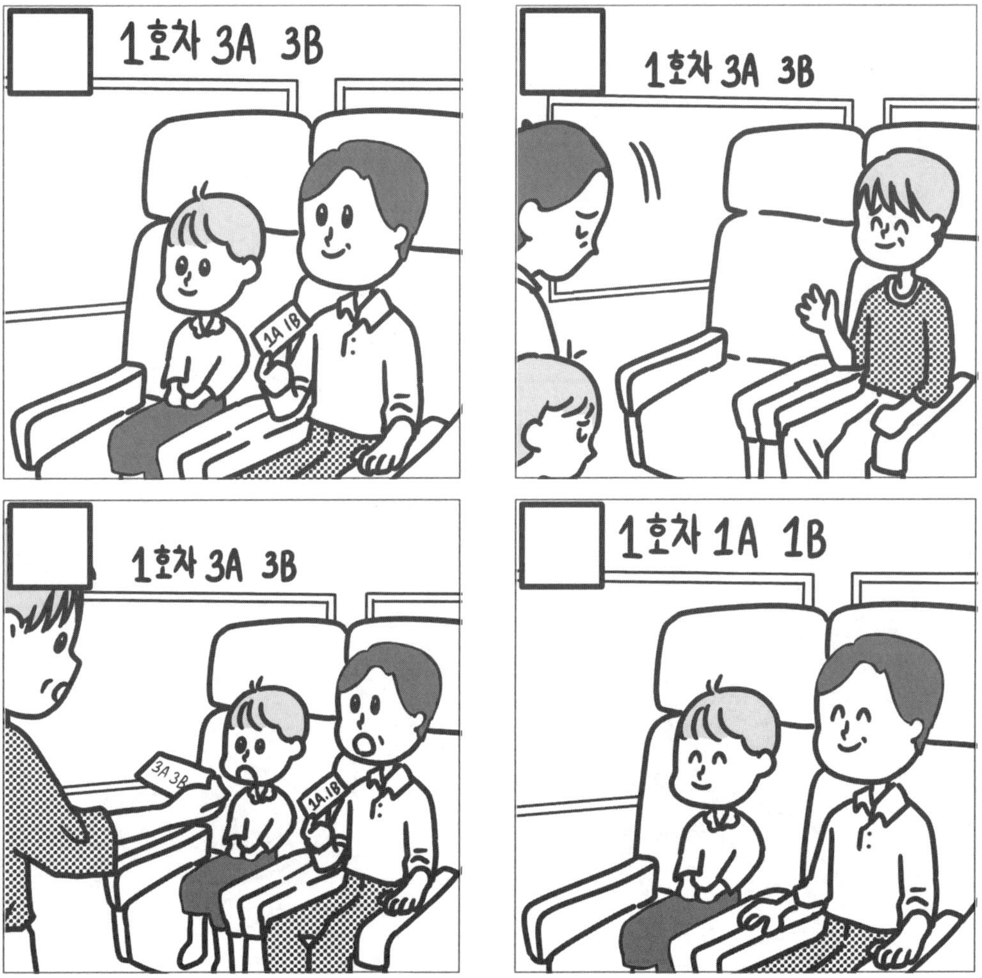

□ 1호차 3A 3B

□ 1호차 3A 3B

□ 1호차 3A 3B

□ 1호차 1A 1B

다음 그림을 보고 일이 일어난 순서에 맞게 □ 안에 번호를 쓰고, 이야기도 만들어 보세요.

다음 그림을 보고 일이 일어난 순서에 맞게 □ 안에 번호를 쓰고, 이야기도 만들어 보세요.

7. 일상 상황 추론

1. 엄마가 퇴근하시며 소미에게 주실 새 원피스를 사 오셨어요. 소미는 신이 나서 새 옷을 입어 보았어요. 그런데 엄마가 보시더니 "소미야, 키가 많이 컸나 봐. 옷을 바꿔 와야겠다."라고 하셨어요. 다음날 엄마는 출근하실 때 소미의 원피스를 챙겨 가셨어요.

1) 소미 엄마는 퇴근하시며 무엇을 사 오셨나요?

2) 엄마는 왜 옷을 바꿔 오신다고 하셨을까요?

3) 엄마는 다음날 출근하실 때 왜 소미의 원피스를 가지고 가셨을까요?

[한 걸음 더]

입던 옷(신발)이 작아져서 입지 못했던 적이 있나요? 작아진 옷(신발)은 어떻게 하면 좋을까요?

2. 강릉에 사시는 할머니께서 소미네 집에 놀러 오셨어요. 엄마는 아침부터 할머니가 좋아하시는 반찬을 많이 만드셨어요. 저녁을 먹을 때도 맛있는 갈비찜을 할머니 가까이에 놓아 드렸어요. 그런데 할머니는 "우리 강아지, 많이 먹으렴." 하시며 소미의 밥그릇에 고기를 가득 올려 주셨어요.

1) 소미네 집에 누가 놀러 오셨나요?

2) 엄마는 왜 맛있는 갈비찜을 할머니 가까이에 놓아 드렸을까요?

3) 할머니는 왜 소미를 "우리 강아지"라고 부르시는 걸까요?

 [한 걸음 더]

할아버지, 할머니께서 집에 오셨을 때 어떻게 해 드리면 좋아하실까요?

3. 오늘은 학교 급식에서 맛있는 초콜릿케이크가 나왔어요. 초콜릿케이크는 준이가 가장 좋아하는 후식 메뉴예요. 그런데 선생님이 초콜릿케이크는 한 사람당 1개씩만 먹을 수 있다고 하셨어요. 준이는 '초콜릿케이크 더 먹고 싶다.'라고 생각했어요. 준이는 옆자리에 앉은 영호가 초콜릿케이크를 남긴 것을 보고 "영호야, 너 초콜릿케이크 다 먹을 거야?" 하고 물었어요. 영호가 준이에게 "응, 다 먹을 거야."라고 말하자 준이는 아쉬운 표정을 지으며 자리에서 일어나 식판을 정리했어요.

1) 학교 급식에서 준이가 가장 좋아하는 후식 메뉴는 무엇인가요?

2) 선생님은 왜 초콜릿케이크를 한 사람당 1개씩만 먹을 수 있다고 하셨을까요?

3) 준이는 영호에게 왜 초콜릿케이크를 다 먹을 거냐고 물어보았을까요?

[한 걸음 더]

1) 급식에서 가장 좋아하는 메뉴는 무엇인가요?

2) 급식에서 정해진 양을 다 먹고도 더 먹고 싶으면 어떻게 하면 좋을까요?

4. 오늘은 5월 8일 어버이날이에요. 준이는 색종이로 카네이션을 만들어 부모님 가슴에 달아 드렸어요. 그리고 어깨도 안마해 드렸어요. “엄마, 아빠, 오늘은 제가 심부름도 많이 해 드릴게요.” 준이의 말에 엄마는 어버이날이 한 달에 한 번씩 있으면 좋겠다고 말씀하셨어요. 행복해하시는 부모님을 보니 준이의 마음이 뿌듯했어요.

1) 어버이날은 무슨 날인가요?

2) 어버이날에 준이가 부모님을 위해 해 드린 일은 무엇인가요?

3) 엄마는 왜 어버이날이 한 달에 한 번씩 있으면 좋겠다고 말씀하셨을까요?

 **[한 걸음 더]**

어버이날에 우리가 할 수 있는 일은 무엇이 있을까요? 어떻게 감사의 마음을 표현하면 좋을까요?

5. 지난주부터 소미의 할머니께서 아주 편찮으셔서 소미의 엄마와 같이 병원에 가셨어요. 한참 있다가 저녁때쯤 엄마는 혼자 돌아오셨어요. 엄마를 기다렸던 소미는 엄마에게 책을 읽어 달라고 했는데 엄마는 "소미야, 이따가 읽어 줄게. 엄마가 지금 마음이 속상해."라고 말씀하시면서 침대에 누우셨어요. 퇴근하고 오신 아빠는 침대에 누워 계신 엄마를 안아 주시며 "너무 걱정하지 말아요."라고 말씀하셨어요.

1) 소미의 엄마는 왜 병원에 다녀오셨나요?

2) 엄마는 왜 소미에게 이따가 책을 읽어 준다고 하셨을까요?

3) 아빠는 엄마에게 무엇을 걱정하지 말라고 하셨을까요?

[한 걸음 더]

엄마나 아빠는 어떤 일로 속상해하시나요? 그럴 때 어떻게 해 드리면 좋을까요?

6. 소미는 학교가 끝나고 집에 돌아오니 배가 고팠어요. 냉장고를 열어 보니 어제 먹고 남은 동생의 생일 케이크 두 조각이 있었어요. 소미는 케이크를 꺼내 맛있게 다 먹었어요. 잠시 후에 냉장고 문을 열어 본 동생은 "언니, 내 거는? 언니 미워."라고 말했어요.

1) 소미는 배가 고파서 무엇을 먹었나요?

2) 어제는 무슨 날이었나요?

3) 동생은 왜 언니가 밉다고 말했을까요?

4) 동생의 말을 들었을 때 소미의 기분은 어땠을까요?

[한 걸음 더]

소미는 어떻게 하는 것이 더 좋았을까요? 생각을 이야기해 보세요.

7. "미미야, 생일 축하해." 오늘은 소미 동생의 생일이라 다 함께 생일 파티를 했어요. 아빠는 퇴근하시면서 미미가 좋아하는 강아지 인형도 사 오셨어요. "아빠, 내 거는 왜 없어요?" 소미는 서운한 마음에 울음을 터뜨렸어요. "소미야, 오늘은 미미 생일이잖니." 소미의 투정에 엄마 아빠는 속상해하셨어요. "언니, 지난번 언니 생일에는 나도 선물을 못 받았는데? 그냥 이거 같이 가지고 놀자. 내가 빌려줄게." 이제 여섯 살밖에 안 된 동생이 이렇게 말하자 소미는 부끄러운 마음이 들었어요.

1) 오늘은 무슨 날인가요?

2) 아빠는 왜 동생에게만 인형 선물을 주셨나요?

3) 동생의 말을 듣고 소미는 왜 부끄러운 마음이 들었을까요?

[한 걸음 더]

엄마 아빠에게 서운한 마음이 들었던 적이 있나요? 경험을 이야기해 보세요.

8. 준이는 어제 게임을 하다가 밤 12시가 넘어서 잠을 잤어요. 아침에 엄마가 깨우는 소리를 듣고도 준이는 한참을 일어나지 못했어요. 결국 학교에 지각을 해서 선생님께 꾸중을 들었어요. 학교에서도 수업 시간에 계속 졸리고 피곤해서 힘든 하루를 보냈어요. 준이는 밤늦게까지 게임을 한 것을 후회했어요.

1) 준이는 어제 왜 늦게 잤나요?

2) 준이는 아침에 엄마가 깨우는 소리를 듣고도 왜 못 일어났을까요?

3) 준이는 밤늦게까지 게임을 한 것을 왜 후회했을까요?

 **[한 걸음 더]**

학교에서 피곤해서 힘들었던 경험을 이야기해 보세요. 학교에서 피곤하지 않고 씩씩하게 생활하려면 어떻게 하면 좋을까요?

9. 준이는 친구들과 운동장에서 피구를 하고 있었어요. 그런데 준이가 던진 공에 그만 보미의 얼굴이 맞았어요. 보미는 얼굴을 손으로 감싸고 한참을 아파했어요. "앗, 어떡해. 보미야, 정말 미안해. 괜찮니?" 하지만 보미는 화도 내지 않고 괜찮다고 말하며 오히려 준이에게 웃어 주었어요. 준이는 보미에게 더 미안한 마음이 들었어요.

1) 준이는 운동장에서 친구들과 무엇을 했나요?

2) 준이는 보미에게 왜 사과를 했나요?

3) 사과를 한 준이에게 보미는 어떻게 했나요?

4) 준이는 보미에게 왜 더 미안한 마음이 들었을까요?

[한 걸음 더]

내가 잘못을 해서 친구에게 사과했던 적이 있나요? 경험을 이야기해 보세요.

10. 곧 장마가 시작된다고 해서 소미는 엄마와 우산을 사러 갔어요. 마트에서 나비 무늬가 있는 노란색 우산이 마음에 쏙 들어 그 우산을 사 왔어요. "엄마, 너무 예뻐요." 소미는 비 오는 날씨를 싫어해요. 하지만 이번에는 빨리 비가 왔으면 좋겠다고 생각했어요.

1) 소미는 마트에 왜 우산을 사러 갔나요?

2) 소미는 어떤 우산을 샀나요?

3) 소미는 비 오는 날씨를 싫어하지만 왜 이번에는 빨리 비가 왔으면 좋겠다고 생각했을까요?

 **[한 걸음 더]**

기다려지는 날(날씨, 특별한 날)이 있나요? 그 이유는 무엇인가요?

11. 5교시 수업 시간에 시끄러운 소리가 나서 창밖을 보니 갑자기 비가 쏟아지고 있었어요. '아침에는 분명 날씨가 맑았는데, 우산이 없어서 집에 어떻게 가지?' 준이는 비를 맞으며 집에 갈 생각에 걱정이 되었어요. 그때 짝꿍이 "준아, 우산 안 가지고 왔구나? 집에 갈 때 나랑 같이 쓰고 가자. 내 우산은 커서 둘이 써도 괜찮아."라고 말했어요. 준이는 짝꿍에게 아주 고마운 마음이 들었어요.

1) 5교시 수업이 끝날 때 즈음 준이는 무엇을 걱정하였나요?

2) 준이는 짝꿍에게 왜 고마운 마음이 들었나요?

3) 준이는 왜 학교에 우산을 가지고 가지 않았을까요?

4) 짝꿍은 어떻게 비가 올 것을 알고 우산을 가지고 온 걸까요?

[한 걸음 더]

친구에게 고마웠던 적이 있나요? 이야기해 보세요.

12. 준이는 요즘 학교에서 많이 울어요. 준이네 반 친구들이 준이가 뚱뚱하다고 놀리기 때문이에요. 그때마다 준이는 "놀리지 마."라고 말하면서 울었어요. 오늘은 준이 선생님이 엄마에게 전화하셔서 엄마가 학교에 가셨어요. 엄마는 학교에서 돌아오신 후 준이를 보자마자 준이 머리를 쓰다듬으면서 "준이가 학교에서 속상했구나."라고 말씀하셨어요. 준이는 엄마의 말씀을 듣고 엄마를 보니 눈물이 났어요.

1) 준이는 요즘 왜 학교에서 많이 울까요?

2) 학교에 가신 엄마에게 선생님은 무슨 말씀을 하셨을까요?

3) 엄마의 말씀을 들은 준이는 왜 눈물이 났을까요?

 **[한 걸음 더]**

1) 학교에서 속상했던 적이 있나요? 경험을 이야기해 보세요.

2) 학교에서 속상한 일이 있을 때 어떻게 하면 좋을까요?

13. 소민이는 발표 시간이면 부끄러워서 아주 작은 목소리로 발표해요. 어제는 집에서 큰 목소리로 발표하는 것을 엄마와 많이 연습했어요. 오늘 발표 시간이 되어 소민이는 친구들에게 개의 종류에 대해서 발표했어요. 발표가 끝나자 짝꿍 지우가 소민이를 보면서 엄지를 들어 올리며 웃어 주었어요. 발표가 끝나고 선생님은 "소민아, 지난번보다 큰 목소리로 아주 잘 발표했어요."라고 칭찬해 주셨어요.

1) 소민이는 왜 작은 목소리로 발표를 했었나요?

2) 소민이는 집에서 무엇을 연습했나요?

3) 짝꿍은 왜 엄지를 들어 올리며 웃어 주었을까요?

4) 선생님은 무엇을 칭찬해 주셨나요?

[한 걸음 더]

이전에는 어려웠는데 열심히 연습해서 잘하게 된 경험이 있나요? 경험을 이야기해 보세요.

14. 더운 여름날이에요. 준이의 아빠는 저녁에 친구들과 생선회를 드셨는데 집에 돌아오신 후 배가 아프다고 하셨어요. 엄마는 아빠가 식중독에 걸리신 것 같다고 하시며 아빠에게 약을 드렸어요. 다음 날에도 아빠는 계속 배가 아프다고 하시고 설사도 하셨어요. 그리고 밥도 잘 못 드셨어요. 엄마는 걱정하는 얼굴로 부엌에서 죽을 끓이셨어요.

1) 준이의 엄마는 왜 아빠가 식중독에 걸린 것 같다고 하셨을까요?

2) 아빠의 식중독 증상은 어떠셨나요?

3) 엄마는 왜 죽을 끓이셨을까요?

 **[한 걸음 더]**

아파서 학교에 가지 못했던 적이 있나요? 그때 부모님은 나를 위해 무엇을 해 주셨나요?

15. 어제는 준이의 학교에서 운동회를 했어요. 준이는 며칠 전 다리를 다쳐서 달리기와 줄다리기 경기에는 참여할 수가 없었어요. 하지만 친구들이 경기하는 동안 "청군 이겨라! 청군 이겨라!" 하고 큰 목소리로 응원했어요. 마지막 줄다리기 경기에서 청군이 이기자 준이와 친구들은 "만세! 만세!"라고 소리를 지르며 기뻐했어요. 다음 날 아침이 되었어요. 준이는 일어났는데 목이 조금 아팠어요. "엄마……." 하고 불렀는데 목소리가 잘 나오지 않았어요.

1) 준이는 왜 운동회에서 달리기와 줄다리기 경기를 하지 못했나요?

2) 준이는 왜 청군을 응원했을까요?

3) 운동회 다음 날 아침, 준이는 왜 목소리가 잘 나오지 않았을까요?

[한 걸음 더]

열심히 운동 경기를 응원해 본 적이 있나요? 언제, 무슨 경기를 보며 어떻게 응원을 했는지 이야기해 보세요.

16. 준이의 아빠는 요즘 거의 매일 밤 10시가 넘어야 집에 돌아오세요. 회사에서 할 일이 많기 때문이래요. 그래서 주말에는 낮잠을 주무실 때가 많아요. 아빠가 낮잠을 주무시면 엄마는 텔레비전을 끄거나 소리를 낮추세요. 준이는 조금 불편하지만 아빠를 위해서 참아요.

1) 준이의 아빠는 요즘 왜 늦게 집에 오시나요?

2) 아빠는 왜 주말에 낮잠을 주무실 때가 많을까요?

3) 아빠가 낮잠을 주무시면 엄마는 왜 텔레비전 소리를 낮추실까요?

[한 걸음 더]

1) 부모님이 피곤해서 쉬실 때 나는 어떻게 하면 좋을까요?

2) 바쁘고 피곤하신 부모님을 위해 내가 해 드릴 수 있는 일은 무엇이 있을까요?

17. "아빠, 밖에 큰불이 났나 봐요." 준이의 말에 아빠는 "준아, 오늘은 현충일이라서 그래. 아침에 태극기를 달면서 아빠가 말해 주었지? 사이렌이 울리니 아빠랑 같이 묵념하자. 우리는 나라를 위해 돌아가신 분들을 생각하며 감사하는 마음을 가져야 해."

1) 준이는 왜 밖에 큰불이 났다고 생각했을까요?

2) 현충일은 어떤 날인가요? 현충일에 준이는 아빠와 무엇을 했나요?

[한 걸음 더]

나라를 위해 싸우고 열심히 일하신 분들이 계시지 않았다면 우리나라는 어떻게 되었을까요?

18. 오늘 체육 시간에 소미네 반 친구들은 청군, 백군으로 팀을 나누어 축구를 했어요. 두 팀 모두 열심히 뛰어 후반전이 다 끝나 가도록 2:2 동점이었어요. 그런데 경기 종료 1분을 남겨놓고 공을 잡은 소미가 골대를 향해 있는 힘껏 공을 찼어요. 백군 응원석에서는 "와!" 하고 함성이 터져 나왔어요. 소미는 하늘을 날 것 같은 기분이 들었어요.

1) 축구 경기는 어느 팀이 몇 대 몇으로 이겼나요?

2) 소미는 왜 하늘을 날 것 같은 기분이 들었을까요?

[한 걸음 더]

좋아하는 운동이 있나요? 친구들과 같이 하고 싶은 운동 경기가 있다면 이야기해 보세요.

19. 지유는 친구들에게 항상 친절하고, 공부도 잘해요. 그리고 준이가 보기에 반 여자아이들 중에서 가장 예뻐요. 준이는 한 달에 한 번 짝꿍을 바꿀 때마다 마음속으로 소원을 빌었어요. 그런데 오늘 드디어 소원이 이루어졌어요. 짝꿍을 바꾸고 나서 담임 선생님이 아이들에게 새 짝꿍이 마음에 드는지 물어보시자 준이는 가장 큰 목소리로 "네." 하고 대답했어요.

1) 준이는 마음속으로 무슨 소원을 빌었을까요?

2) 담임 선생님이 새 짝꿍이 마음에 드는지 물어보셨을 때 준이는 왜 가장 큰 목소리로 대답했을까요?

 **[한 걸음 더]**

우리 반 친구들 중에서 내가 가장 좋아하는 친구는 누구인가요? 그 친구의 어떤 점이 마음에 드는지 이야기해 보세요.

20. 준이는 동생과 보드게임을 하고 있었어요. 그런데 동생 등에 모기가 앉아 있는 것이 보였어요. 준이는 동생 등을 손바닥으로 찰싹 때렸어요. 그러자 동생은 "왜 때려?" 하고는 울면서 "엄마, 형이 때렸어요." 하고 엄마한테 일렀어요. '세게 때린 것도 아니고 모기를 잡아 준 건데 울기나 하고 엄마한테 일러서 괜히 야단맞게 하고…….' 준이는 너무 억울했어요.

1) 준이는 왜 동생 등을 때렸나요?

2) 동생은 형이 모기를 잡아 주었는데 왜 형이 때렸다고 엄마한테 일렀을까요?

3) 준이는 왜 억울했나요?

 **[한 걸음 더]**

1) 준이가 엄마에게 억울하게 야단을 맞은 것 같아요. 준이는 뭐라고 말하면 좋았을까요?

2) 억울한 일을 당했을 때 어떻게 하면 좋을까요?

21. 오늘 학교에서 글짓기 대회 상장을 나누어 주었어요. 선생님이 이름을 부르셔서 준이는 상장을 받으러 나갔어요. "김준이 아니라 김민준이라고 불렀어요." 선생님의 말씀에 준이는 얼굴이 빨개져 쥐구멍에라도 들어가고 싶은 기분이 들었어요.

1) 오늘 학교에서 무엇을 나누어 주었나요?

2) 준이는 선생님이 준이의 이름을 부르신 것도 아닌데 왜 상장을 받으러 나갔을까요?

3) 준이는 왜 쥐구멍에라도 들어가고 싶은 기분이 들었나요?

[한 걸음 더]

부끄러워서 얼굴이 빨개진 적이 있나요? 경험을 이야기해 보세요.

22. 준이는 동생과 같이 놀이터에서 놀았어요. 준이는 올해 다섯 살이 된 동생을 잘 데리고 놀아요. 같이 놀이터에서 놀고 집에 가는 길에 동생이 누가 집까지 빨리 가는지 달리기 시합을 하자고 했어요. 준이는 "그래, 좋아. 그런데 넘어지지 않게 조심해."라고 말했어요. 그러고는 동생에게 출발선보다 앞에서 뛰라고 했어요.

1) 준이의 동생은 몇 살인가요?

2) 준이는 동생이 달리기 시합을 하자고 했을 때 어떻게 했나요?

3) 준이는 동생에게 왜 출발선보다 앞에서 뛰라고 했을까요?

 **[한 걸음 더]**

나이 어린 동생을 돌봐 준 적이 있나요? 동생을 배려하고 잘 돌봐 줄 수 있는 방법은 무엇이 있을까요?

23. 소미는 엄마가 부탁한 심부름을 가는 중이에요. 엄마는 소미에게 마트에 가서 저녁 반찬 재료를 사 오라고 하시며 사야 할 물건들을 종이에 적어 주셨어요. 가는 길에 갑자기 비가 내려서 소미는 후다닥 뛰어갔어요. 마트에 도착한 소미는 아주머니에게 종이를 보여 드렸어요. 그런데 종이가 비에 젖어서 엄마가 써 주신 글씨가 보이지 않았어요. 그때 아주머니가 엄마의 휴대폰 번호를 물어보셨어요. 아주머니는 엄마와 통화를 하시더니 사야 할 물건들을 담아 소미에게 주셨어요.

1) 소미의 엄마는 소미가 사 와야 할 물건들을 왜 종이에 적어 주셨을까요?

2) 종이가 젖은 것을 알았을 때 소미의 기분은 어땠을까요?

3) 마트 아주머니는 왜 엄마에게 전화를 하셨을까요?

[한 걸음 더]

부모님의 심부름을 해 본 적이 있나요? 경험을 이야기해 보세요.

24. 준이는 아빠와 마트에 갔어요. 마트에 들어가니 준이가 좋아하는 수박이 보였어요. "우리 수박은 맨 마지막에 사자." 아빠가 말씀하셨어요. 준이와 아빠는 먼저 3층에 올라가 아빠가 신으실 양말을 사고, 2층에서 준이가 쓸 크레파스와 스케치북을 샀어요. 그리고 마지막으로 1층에서 수박을 샀어요. 수박이 너무 크고 무거워서 준이는 아빠를 도와 함께 수박을 들고 왔어요. 아빠는 "준이가 이제 다 컸구나." 하시며 칭찬해 주셨어요.

1) 준이는 아빠와 마트에서 무엇을 샀나요?

2) 준이는 왜 아빠를 도와 수박을 함께 들었을까요?

3) 준이와 아빠는 왜 수박을 가장 마지막에 샀을까요?

4) 아빠는 왜 준이에게 "이제 다 컸구나."라고 말씀하셨을까요?

 **[한 걸음 더]**

부모님과 어느 마트를 자주 가나요? 마트에서 쇼핑할 때 부모님을 도와드렸던 적이 있나요? 경험을 이야기해 보세요.

25. "소미야, 잘 잤니? 어젯밤에 쌀쌀했는데 창문을 열고 잤네. 춥지 않았어?" 엄마의 목소리에 소미는 잠에서 일어났어요. "엄마, 목이 따끔따끔해요." 엄마가 소미의 이마를 짚어 보시더니 "소미야, 감기에 걸린 것 같아. 오늘은 병원에 갔다가 집에서 푹 쉬어야겠어."라고 하셨어요.

1) 소미는 왜 감기에 걸렸을까요?

2) 엄마는 소미가 감기에 걸린 것을 어떻게 아셨을까요?

3) 엄마는 아픈 소미가 오늘 어떻게 하는 것이 좋겠다고 말씀하셨나요?

 [한 걸음 더]

감기에 걸리지 않으려면 어떻게 해야 할까요?

26. 어제 소미는 놀이터에서 놀다가 집에 늦게 들어왔어요. 그래서 밤에 숙제를 하고 일기를 쓰느라 11시가 넘어서 잠자리에 들었어요. 다음날 아침, 늦잠을 자고 일어난 소미는 "엄마! 왜 이렇게 늦게 깨웠어? 학교에 지각하면 엄마 때문이야!"라고 짜증을 내며 집을 나왔어요. 막 뛰어가고 있는데 엄마가 멀리서 "소미야." 하고 부르면서 뛰어 오셨어요. 소미는 엄마를 보고 숙제와 일기장을 책상 위에 올려 두고 온 것이 생각이 났어요. 소미는 엄마에게 고맙기도 하고 죄송하기도 했어요.

1) 소미는 어제 왜 늦게 잠자리에 들었나요?

2) 소미는 왜 엄마에게 짜증을 냈나요?

3) 엄마는 왜 소미에게 뛰어오셨을까요?

4) 소미는 엄마에게 왜 고맙기도 하고 죄송하기도 했나요?

[한 걸음 더]

엄마에게 짜증을 낸 적이 있나요? 경험을 이야기해 보세요.

27. 오늘은 학교에서 자리를 새로 바꾸는 날이에요. 소미네 반은 매달 선생님이 직접 자리를 정해 주세요. 오늘도 선생님이 새로운 자리를 정하기 위해 반 친구들에게 눈이 나빠서 칠판의 글씨가 잘 보이지 않는 사람이 있는지(시력이 좋지 않은 사람이 있는지) 물어보셨어요. 몇몇 친구가 손을 들었고 선생님은 누가 손을 들었는지 살펴보셨어요.

1) 소미네 반은 어떤 방법으로 자리를 바꾸나요?

2) 선생님은 어떤 친구들을 보고 손을 들어 보라고 하셨나요?

3) 선생님은 왜 칠판의 글씨가 보이지 않는 사람이 있는지 물어보셨을까요?

 [한 걸음 더]

학교에서 자리를 정할 때는 여러 가지 방법이 있어요. 어떤 방법이 있는지 이야기해 보세요.

28. 소미네 가족은 아침 일찍 일어나 등산을 갔어요. 단풍이 곱게 물든 산길을 걸어가니 시원한 바람이 솔솔 불어왔어요. 소미는 산길에 떨어져 있는 도토리를 주워 오고 싶었지만 꾹 참았어요. 엄마 아빠는 그 모습을 보시고는 “소미 덕분에 겨울에 다람쥐가 배고프지 않겠다.”라고 칭찬해 주셨어요.

1) 소미네 가족은 어디에 갔나요?

2) 소미네 가족은 무슨 계절에 등산을 갔을까요? 어떻게 알았나요?

3) 소미는 왜 산길에 떨어져 있는 도토리를 주워 오지 않았을까요?

 [한 걸음 더]

동물을 보호하고 돌봐준 적이 있나요? 경험을 이야기해 보세요.

29. 소미는 엄마와 마트에 장을 보러 갔어요. 이번 주말에 할머니께서 소미네 집에 놀러 오시기로 하셔서 할머니께 맛있는 음식을 해 드리기로 했거든요. 소미와 엄마는 마트에서 갈비찜으로 만들 고기도 사고 새우튀김으로 만들 새우도 샀어요. 할머니께서 좋아하시는 수박과 소미가 좋아하는 아이스크림도 샀어요. 소미와 엄마는 장을 보고 나니 너무 무거워서 집까지 배달을 부탁하기로 했어요. 그런데 엄마는 소미에게 "아이스크림은 배달시키지 말고 우리가 가지고 가자."라고 말씀하셨어요.

1) 소미는 엄마와 마트에 가서 무엇을 샀나요?

2) 엄마는 누구를 위해 어떤 요리를 할 계획인가요?

3) 엄마는 왜 아이스크림은 배달시키지 않고 가지고 가자고 하셨을까요?

 **[한 걸음 더]**

물건을 배달해 주시는 분들에게 우리는 어떤 마음을 가져야 할까요? 집에 물건을 배달해 주시는 분들에게 왜 고마운 마음을 가져야 할까요?

30. 소미는 이번 주 토요일에 생일 파티를 하기로 했어요. 엄마는 소미가 가장 좋아하는 토마토스파게티와 딸기케이크를 만들어 주신다고 하셨어요. 그리고 아빠는 아이들이 좋아하는 영화도 보여 주신다고 하셨어요. 소미는 생일 파티에 올 친구들에게 초대장을 만들어서 주기로 했어요. 엄마는 "소미야, 금요일까지는 친구들이 몇 명이나 올지 미리 알려 줘."라고 말씀하셨고 소미는 큰 목소리로 "네, 엄마!"라고 말했어요.

1) 소미는 언제 생일 파티를 하기로 했나요?

2) 소미의 생일 파티에 부모님은 무엇을 해 주시기로 하셨나요?

3) 소미는 친구들에게 줄 초대장에 어떤 내용을 썼을까요?

4) 소미는 친구들에게 초대장을 주면서 뭐라고 말했을까요?

5) 엄마는 친구들이 몇 명이나 올지 왜 미리 알려 달라고 하셨을까요?

 **[한 걸음 더]**

친구들을 초대해서 생일 파티를 해 본 적이 있나요? 만약 생일 파티를 한다면 제일 하고 싶은 것은 무엇인가요?

31. 오늘 준이네 가족은 한강 공원으로 소풍을 가기로 했어요. 준이 엄마는 돗자리에 앉아서 먹을 생수, 바나나, 사과, 크림빵을 냉장고에서 꺼내셨어요. 준이는 "엄마, 제가 가방에 넣을게요."라고 말했어요. 엄마는 "고마워. 그런데 크림빵은 맨 위에 넣어줘."라고 말씀하셨어요. 준이는 엄마 말씀대로 생수와 사과를 먼저 넣고 크림빵을 가장 위에 놓았어요.

1) 준이네 가족은 어디로 소풍을 가기로 했나요?

2) 준이네 가족은 소풍을 가려고 무엇을 준비했나요?

3) 엄마는 왜 크림빵을 가장 위에 놓으라고 하셨을까요?

[한 걸음 더]

1) 가족과 함께 소풍을 갔던 적이 있나요? 경험을 이야기해 보세요.

2) 가족과 함께 소풍갈 때 꼭 가져가고 싶은 것은 무엇인가요?

32. 오늘은 준이가 다니는 학교의 개교기념일이라 학교에 가지 않아요. 준이와 엄마는 오늘 뭐 하고 보낼지 이야기를 나누었어요. 준이는 "엄마, 오늘 학교에 안 가고 엄마랑 단둘이 놀 수 있으니 신나요!"라고 말했어요. 엄마는 "그래. 엄마도 오늘 준이랑 놀 수 있어서 너무 좋아. 오늘은 주말이 아니고 평일이라서 놀이공원에 가는 것도 좋겠는데?"라고 말씀하셨어요.

1) 오늘 준이는 평일인데 왜 학교에 가지 않고 엄마랑 놀 수 있나요?

2) 개교기념일은 무슨 날인가요?

3) 엄마는 왜 평일이라 놀이공원에 가는 것도 좋겠다고 하셨을까요?

 **[한 걸음 더]**

엄마(아빠)랑 단둘이 제일 가보고 싶은 곳은 어디인가요? 그 이유를 이야기해 보세요.

33. 소미와 아빠는 일주일에 한 번씩 마트에 가서 장을 봐요. 일주일 동안 먹을 음식과 그 주에 가족들에게 필요한 물건을 사는 날이에요. 아빠와 소미는 마트 주차장에 도착했는데 주차할 자리가 없어서 한참을 빙빙 돌다가 겨우 빈자리를 발견하고 주차했어요. 아빠는 항상 그렇듯이 주차하고 나서는 멀리서 주차된 자동차 사진을 찍으셨어요.

1) 소미네 가족은 일주일에 한 번씩 마트에 가서 무엇을 사나요?

2) 아빠는 주차장에서 왜 한참을 빙빙 돌았나요?

3) 아빠는 마트 주차장에 주차하고 나서는 왜 항상 사진을 찍으시는 걸까요?

[한 걸음 더]

넓은 주차장에서 주차할 때 어디에 주차했는지 기억해야 해요. 부모님은 주차된 차를 어떻게 찾으시나요?

34. 아빠와 준이는 체육센터에 갔어요. 엘리베이터를 타려고 하는데 많은 사람이 기다리고 있었어요. 1층에 엘리베이터가 도착했고 기다리던 사람들이 우르르 엘리베이터를 탔어요. 준이도 마지막으로 아빠와 엘리베이터를 탔어요. 그랬더니 '삐' 하고 소리가 났어요. 아빠는 "준아, 우리 내려서 다음 엘리베이터 타야겠다."라고 말씀하셨어요. 준이는 "왜요?"라고 아빠에게 물었어요.

1) 준이와 아빠는 어디에 갔나요?

2) 엘리베이터에서는 왜 '삐' 하고 소리가 났을까요?

3) 왜 아빠는 아빠와 준이가 내려야 한다고 하셨을까요?

 [한 걸음 더]

엘리베이터를 탈 때 주의할 점은 무엇일까요?

35. 오늘은 미술 시간에 바람개비를 만들기로 했어요. 소미는 가방에서 준비물을 꺼냈어요. 가위, 풀, 스티커, 색연필……. 그런데 가장 중요한 색종이가 보이지 않았어요. 소미는 너무 당황해서 눈물이 나려고 하는데 짝꿍 민지가 색종이 묶음을 들고 있는 것이 보였어요. 소미는 민지에게 말했어요. "민지야, 너 색종이 남는 거 있어?"

1) 소미는 민지에게 "너 색종이 남는 거 있어?"라고 왜 물었을까요? (   )

① 색종이 상자에 몇 장이 있는지 궁금해서

② 색종이를 빌려 줄 수 있는지 물어보려고

③ 색종이를 몇 장이나 쓸 건지 물어보려고

2) 소미가 "너 색종이 남는 거 있어?"라고 물었을 때 민지는 어떻게 대답하는 것이 더 좋을까요? (   )

① 응, 색종이 남아.

② 응, 내가 빌려줄게.

36. 준이는 아침에 눈을 뜨고 시계를 보니 8시가 넘었어요. 엄마가 새벽에 일찍 할머니 댁에 가셔서 준이는 혼자 일어나서 학교에 가야 했거든요. '큰일 났다. 지각하겠어.' 준이는 욕실에 가서 이만 닦고 허겁지겁 옷을 갈아입고 학교로 뛰어갔어요. 교실에 도착하니 지각은 아니었어요. "휴, 지각은 아니네." 자리에 앉으니 한숨이 나왔어요. 그런데 짝꿍 민지가 준이를 보고서는 크게 웃었어요. "준이야, <u>너 거울도 안 보고 왔어?</u>"

1) 민지는 준이에게 "<u>너 거울도 안 보고 왔어?</u>"라는 말을 왜 했을까요? (　　　)

① 준이의 얼굴에 치약이 묻어 있어서

② 거울이 집에 있는지 궁금해서

③ 거울을 선물로 사 주고 싶어서

2) 민지가 "<u>너 거울도 안 보고 왔어?</u>"라고 했을 때 준이는 어떻게 대답하는 것이 좋을까요? (　　　)

① 내 얼굴에 뭐 묻었어?

② 응, 거울 안 보고 왔어.

37. 오늘은 준이네 모둠 친구들이 복도 청소 당번이에요. 복도 청소 당번은 1층부터 4층까지 복도에 떨어져 있는 쓰레기를 줍고 빗자루로 쓰는 일을 해요. 준이는 "우리 열심히 하자! 빨리하고 운동장에서 놀자!"라고 말했어요. 모둠 친구 네 명은 쓰레기 봉지를 들고 구석구석 쓰레기를 주웠어요. 그런데 조금 있다 보니 민우가 안 보였어요. 친구들이 민우를 찾았을 때 민우는 교실에서 게임을 하고 있었어요. 준이는 민우에게 화가 나서 말했어요. "<u>야, 너 지금 뭐 하고 있는 거야?</u>"

1) 준이는 민우에게 "<u>야, 너 지금 뭐 하고 있는 거야?</u>"라고 말했어요. 무슨 말을 하고 싶었던 걸까요? (   )

① 민우가 뭐 하고 있는지 궁금해서

② 민우에게 왜 청소를 하지 않냐고 묻고 싶어서

③ 게임이 재미있는지 물어보려고

2) 준이가 "<u>야, 너 지금 뭐 하고 있는 거야?</u>"라고 물었을 때 민우는 어떻게 대답하는 것이 좋을까요? (   )

① 게임하고 있어.

② 미안해. 나도 청소할게.

38. 소민이는 오늘 필통을 안 가지고 왔어요. 소민이는 짝꿍 준이에게 연필을 빌려 달라고 했어요. 준이는 필통을 꺼내서 어떤 연필을 빌려줄지 생각했어요. 그때 소민이는 "이거 빌려줘."라고 말하면서 자동차가 그려진 파란색 연필을 가리켰어요. 준이는 "아, 이건 내가 가장 아끼는 거야."라고 말하며 파란색 연필을 뒤로 숨겼어요.

1) 준이가 파란색 연필을 보고 "이건 내가 가장 아끼는 거야."라고 이야기한 이유는 무엇일까요? (　　　)

① 소민이에게 파란색 연필을 빌려주려고

② 파란색 연필은 빌려주기 싫어서

③ 준이가 아끼는 연필이 뭔지 알려 주려고

2) 준이가 "이건 내가 가장 아끼는 거야."라고 했을 때 소민이는 어떻게 말하는 것이 좋을까요? (　　　)

① 그렇구나. 너는 파란색을 좋아하는구나.

② 그럼 다른 거 빌려줘.

39. 소민이는 학교에서 오자마자 게임기를 찾았어요. "엄마 게임기 어디 있어요?" 소민이는 게임기를 찾자마자 소파에 누워서 저녁 먹을 시간이 될 때까지 움직이지도 않고 계속 게임을 했어요. 어제 선물로 받은 축구 게임이 너무 재미있었어요. 엄마는 "소민아, 내일 수학 시험이라면서?" 하고 말씀하셨어요. 소민이는 엄마의 말씀을 못 들은 척하고 게임기를 들고 방으로 들어갔어요.

1) 엄마는 소민이에게 "내일 수학 시험이라면서?"라고 말씀하신 이유는 무엇일까요? (　　　)

① 이제 게임을 그만하고 수학 시험 공부를 하라고

② 엄마가 게임을 같이 하고 싶으셔서

③ 수학 시험이 언제인지 궁금하셔서

2) 엄마가 "내일 수학 시험이라면서?"라고 말씀하셨을 때 소민이는 어떻게 대답하는 것이 좋을까요? (　　　)

① 알았어요. 게임 그만하고 공부할게요.

② 네, 맞아요. 내일 수학 시험이 있어요.

40. 준이는 친한 친구 민서가 집에 놀러 온다고 신이 났어요. 준이는 민서가 놀러 오면 같이 놀 보드게임을 잔뜩 꺼내 놓았어요. ‘딩동’ 민서가 왔어요. 민서는 집에 들어와서 준이 엄마에게 공손하게 인사를 했어요. “안녕하세요? 저 민서예요.” 엄마는 “그래, 어서 오렴. 민서도 같이 밥 먹자.”라고 말씀하셨어요. 그러자 민서는 손을 저으면서 “아, 저 지금 밥 먹고 왔어요.”라고 말했어요.

1) 민서가 준이의 엄마에게 “아, 저 지금 밥 먹고 왔어요.”라고 말한 이유는 무엇일까요? (　　　　)

① 준이의 엄마에게 무엇을 먹고 왔는지 말씀드리려고

② 밥을 먹고 와서 안 먹어도 된다고 말씀드리려고

③ 준이의 엄마에게 밥을 더 먹고 싶다고 말씀드리려고

2) 민서가 “아, 저 지금 밥 먹고 왔어요.”라고 했을 때 준이의 엄마는 어떻게 대답하셨을까요? (　　　　)

① 그랬구나. 그럼 다음에 같이 먹자.

② 맛있었겠다.

41. 일요일 아침이에요. 준이와 동생은 일찍 일어났어요. 엄마와 아빠는 아직 주무시고 계세요. 준이는 "엄마 아빠 주무시니까 우리 조용히 놀자."라고 말했어요. 준이와 동생은 거실에서 비눗방울 총으로 비눗방울 놀이를 했어요. 바닥에는 비눗물이 가득 떨어지고 미끄러워서 더 재미있었어요. 한참 놀고 있는데 엄마가 방에서 나오셨어요. 엄마는 거실에 있는 준이와 동생을 보고 화가 난 듯 말씀하셨어요. "이게 도대체 뭐니?"

1) 엄마가 준이와 동생에게 "이게 도대체 뭐니?"라고 말씀하신 이유는 무엇일까요? (　　　)

① 무엇을 가지고 놀았는지 궁금하셔서

② 준이와 동생을 칭찬하시려고

③ 거실이 너무 어질러져 있어서

2) 엄마가 "이게 도대체 뭐니?"라고 말씀하셨을 때 준이는 어떻게 대답하는 것이 좋을까요? (　　　)

① 비눗방울이에요.

② 죄송해요. 얼른 치울게요.

42. 소민이네 가족은 부산으로 여름휴가를 가기로 했어요. 가족들은 아침부터 일찍 일어나서 여행 갈 준비를 했어요. 엄마가 가장 바쁘셨어요. 엄마는 동생이 먹을 이유식을 만들고 기차에서 먹을 김밥도 싸셨어요. 소민이는 옷도 갈아입어야 하는데 엄마가 만드시는 김밥이 아주 맛있어서 계속 집어 먹었어요. 아빠는 소민이를 보시고 말씀하셨어요. "이제 옷 갈아입어야겠다. 시간이 없어요."

1) 아빠가 소민이에게 "시간이 없어요."라고 말씀하신 이유는 무엇일까요? (　　　)

① 방에 시계가 없어서

② 빨리 준비하고 가야 해서

③ 몇 시인지 몰라서

2) 아빠가 "시간이 없어요."라고 하실 때 소민이는 어떻게 대답하는 것이 좋을까요? (　　　)

① 빨리 준비할게요.

② 시계는 거실에 있어요.

8. 사회적 상황 추론

1. 준이가 지하철을 탔는데, 옆집 할머니도 같이 타셨어요. 준이가 "안녕하세요." 인사드리자 할머니께서는 "준이는 참 예의 바르구나." 하고 칭찬해 주셨어요. 준이는 옆자리에 앉아 계신 처음 본 아저씨께도 "안녕하세요." 하고 인사드렸어요. 그러자 아저씨는 당황한 표정을 지으셨어요.

1) 지하철 옆자리에 앉아 계신 아저씨는 준이가 인사드리자 왜 당황한 표정을 지으셨을까요?

2) 인사는 서로 주고받는 것이기 때문에 두 사람이 어떤 사이인지에 따라 인사 방법이 달라져요. 오늘 나는 누구를 만나 어떻게 인사를 했나요?

2. 준이는 동네 도서관에 갔다가 같은 반 친구 소미를 보았어요. 준이는 소미를 도서관에서 만나니 더 반가웠어요. 그래서 뛰어가서 소미의 얼굴에 준이 얼굴이 부딪힐 정도로 가까이 다가가 "안녕!" 인사를 했어요. 그러자 소미는 깜짝 놀라며 뒤로 물러났어요.

1) 소미는 준이가 인사하는데 왜 깜짝 놀라 뒤로 물러났을까요?

2) 다른 사람과 대화할 때는 적어도 팔을 뻗은 길이만큼은 떨어져 있어야 해요. 너무 가까이 다가가는 것은 다른 사람의 공간을 침범하는 거예요. 준이는 소미를 만났을 때 어떻게 인사했어야 할까요?

3. 쉬는 시간에 하민이는 준이에게 주말에 놀이공원에 다녀온 이야기를 했어요. "준아, 그동안 내가 키가 작아서 바이킹을 못 탔는데 이제 내 키가 120cm가 넘어서 바이킹을 탈 수 있었어!" 하민이가 신이 나서 준이에게 이야기하는데 준이는 하민이를 보지도 않고 계속 그림만 그리고 있었어요. 그랬더니 하민이가 "너 지금 내 이야기 듣고 있는 거야?"라며 기분 나빠했어요.

1) 하민이는 왜 준이에게 "너 지금 내 이야기 듣고 있는 거야?"라고 말했을까요?

2) 다른 사람과 대화할 때는 듣는 자세가 매우 중요해요. 상대방의 말을 들을 때는 어떻게 해야 할까요?

4. 준이는 요즘 역사에 관심이 많아요. 그래서 친구들을 만나도 역사 이야기를 많이 해요. "주몽이 세운 나라 이름은? 신라가 삼국을 통일할 때의 왕은? 대조영이 옛 고구려 영토에 세운 나라는?" 오늘도 준이는 쉬는 시간마다 신나서 역사 퀴즈를 냈어요. 친구들은 처음에는 대답을 했지만 나중에는 준이를 보지도 않고 자꾸 하품을 했어요.

1) 친구들은 왜 준이를 보지도 않고 자꾸 하품만 했을까요?

2) 내가 말할 때 다른 사람들이 지루해하거나 재미없어한다는 것을 어떻게 알 수 있나요? 대화 중에 다른 사람들이 지루해하거나 관심이 없는 것처럼 보일 때 어떻게 해야 할까요?

5. 오늘은 민우가 어린이날 선물로 받은 캐릭터 카드를 가지고 왔어요. 친구들은 민우 주변에 모여서 캐릭터 카드를 구경하고, 자기들이 가진 카드 이야기도 하고 있었어요. 그런데 준이가 갑자기 카드 이야기를 하고 있는 아이들에게 다가와 "너희들 약수역은 몇 호선인 줄 알아? 너희들 경의중앙선 타 봤니? 나는 주말에 사당역에 갔다 왔어."라고 말했어요. 친구들은 준이의 말에 대답도 하지 않고 계속 캐릭터 카드 이야기를 했어요.

1) 친구들은 왜 준이의 질문에 대답하지 않았을까요?

2) 내가 주로 말하고 싶은 주제는 무엇인가요? 친구들이 말하고 있는 주제와 내가 말하고 싶은 주제가 다를 때 어떻게 해야 할까요?

6. 오늘은 수목원으로 소풍을 가는 날이에요. 수목원 입구에서 선생님은 좋아하는 친구와 둘씩 짝을 지어 서라고 하셨어요. 준이는 소미에게 "나랑 같이 짝 할래?" 하고 물어보았어요. 하지만 소미는 연지랑 짝을 하기로 먼저 약속을 했다며 거절했어요. 그런데도 준이가 소미에게 짝을 하자고 계속 이야기하며 팔을 잡아당겨 소미는 당황했어요.

1) 짝을 하자고 하는 준이를 보고 소미는 왜 당황했을까요?

2) 친구가 나에게 싫다고 말할 수도 있어요. 친구가 거절할 때 어떻게 해야 할까요?

7. 오늘은 운동장에서 술래잡기를 했어요. 준이는 술래를 피해 이리저리 도망가며 신나게 뛰어다녔어요. 그러다 그만 술래에게 잡히고 말았어요. 그러자 준이는 발을 쾅쾅 구르며 친구들에게 "나 술래 하기 싫어. 이제 그만할 거야."라고 말했어요. 준이는 전에도 이렇게 자기가 질 때마다 안 한다고 화를 내며 말했었어요. 친구들은 그런 준이를 보고 황당한 표정으로 자리를 떠났어요. 다음 날 준이는 친구들이 구슬치기를 하는데 같이 하자고 했어요. 하지만 친구들은 준이와 같이 놀고 싶지 않다고 했어요.

1) 친구들은 왜 준이와 같이 놀고 싶지 않다고 했을까요?

2) 친구들과 게임을 하다 보면 내 마음대로 안 돼서 화가 날 수도 있어요. 그럴 때는 어떻게 해야 할까요?

8. 준이는 쉬는 시간에 친구들과 보드게임을 했어요. 주사위를 던져서 나온 숫자만큼 앞으로 가는 사다리 게임이었어요. 소미는 큰 숫자가 나와서 앞으로 많이 갔지만 준이는 1 아니면 2만 나와서 꼴찌를 하고 있었어요. 소미가 주사위를 던질 차례였는데 이대로라면 소미가 1등을 하고 게임이 끝날 것 같았어요. 준이는 갑자기 "나 이 게임 안 할 거야."라고 하면서 보드게임 판 위에 있는 말을 다 흐트러뜨렸어요.

1) 준이가 보드게임 판 위의 말을 흐트러뜨리고 난 후에 어떻게 되었을까요? 친구들의 기분은 어땠을까요?

2) 게임을 하다 보면 이길 때도 있고 질 때도 있어요. 게임에서 지고 있을 때나 졌을 때는 어떻게 해야 할까요?

9. 쉬는 시간이에요. 준이는 소미와 주사위 게임을 하고 싶었어요. 그런데 소미는 카드 게임을 하고 싶어 했어요. “주사위 게임이 재미있어.” “오늘은 카드 게임 하자.” 둘은 서로 양보하지 않고 자기가 원하는 게임 이야기만 계속했어요. 이렇게 무슨 놀이를 할지 정하지 못한 채로 쉬는 시간이 끝나는 종이 울렸어요.

1) 놀지도 못하고 쉬는 시간이 끝나 버렸을 때 준이와 소미의 기분은 어땠을까요?

2) 친구와 하고 싶은 놀이가 서로 다를 때 어떻게 해야 할까요?

10. 수업 시간에 선생님은 봄에 볼 수 있는 동물과 식물에 대해 질문하셨어요. 준이는 손을 번쩍 들고 선생님께서 발표를 시켜 주시기를 기다렸어요. 하지만 선생님은 가람이, 승환이, 도환이…… 다른 아이들의 이름을 먼저 불러 주셨어요. 준이는 그만 속상해서 울음을 터뜨렸어요. 수업을 하던 친구들과 선생님은 깜짝 놀랐어요. 선생님은 그 모습을 보시고는 "준아, 국어 시간에는 준이가 제일 먼저 발표했잖니."라고 말씀하셨어요.

1) 내가 항상 가장 처음으로 발표하고 싶은데, 선생님께서는 왜 언제나 나를 첫 번째로 불러 주시진 않는 걸까요?

2) 발표하려고 손을 들었는데 선생님께서 발표를 시켜 주지 않을 때는 어떻게 해야 할까요?

11. 준이네 반은 매주 월요일 제비를 뽑아서 자리를 정해요. 준이가 이번 주에 뽑은 자리는 맨 뒷자리였어요. 선생님께서 다들 정해진 자리로 옮기라고 하시자 준이는 선생님께 뒷자리로 가기 싫다며 화를 내었어요. 선생님은 그런 준이를 보시고는 고개를 절레절레 저으셨어요.

1) 선생님은 왜 준이를 보고 고개를 저으셨을까요?

2) 교실에는 다 같이 지켜야 할 약속이 있어요. 그 약속은 왜 지켜야 할까요?

12. 수학 시간에 선생님께서 수학 문제를 혼자서 풀도록 10분 동안 시간을 주셨어요. 준이는 아직 다 못 풀었는데 친구들은 모두 문제를 다 풀어 선생님께 검사를 맡았고, 주어진 시간이 거의 다 되어 갔어요. 그러자 준이는 선생님께 “잠깐만요, 잠깐만요. 저는 다 못 했어요.”라고 말하고는 울어 버렸어요.

1) 준이가 주어진 시간에 수학 문제를 다 못 풀었을 때 기분이 어땠을까요?

2) 학교에서 주어진 시간 안에 과제를 다 못 했을 때는 어떻게 해야 할까요?

13. 준이는 오늘 수업 시간에 색종이 접기를 했어요. "색종이를 반으로 접었다 펴세요. 그리고 가운데 선을 중심으로 세모를 접어서 날개를 만드세요." 준이는 선생님 말씀을 따라 비행기를 접어 보려고 했지만 잘되지 않았어요. 준이는 "왜 안 되는 거야." 하고 소리를 지르더니 그동안 만든 색종이를 다 찢어서 휴지통에 버렸어요. 그 모습을 보신 선생님은 "김준!" 하고 화가 난 목소리로 준이를 부르셨어요.

1) 선생님은 왜 화가 나셨을까요?

2) 잘하고 싶은데 내 마음대로 되지 않을 때 어떻게 해야 할까요?

14. 준이는 쉬는 시간에 하율이가 복도에서 뛰는 모습을 보고는 선생님께 달려가서 하율이가 복도에서 뛴다고 알려 드렸어요. 또 수업 시간에 하율이가 친구랑 장난치는 모습을 보고는 손을 들고 "선생님, 하율이가 친구랑 장난을 쳐요."라고 말씀드렸어요. 점심시간에도 준이는 하율이가 김치를 먹지 않았다고 선생님께 말씀드렸어요. 수업을 마치고 집에 가는 길에 준이는 하율이에게 같이 가자고 했어요. 하지만 하율이는 화가 난 얼굴로 싫다고 했어요.

1) 하율이는 왜 같이 가자는 준이에게 싫다고 했을까요?

2) 위험한 일이나 선생님의 도움이 꼭 필요한 경우에는 선생님께 사실을 알려야 해요. 하지만 친구의 사소한 잘못도 자꾸 이르는 행동은 좋지 않아요. 친구의 잘못된 행동을 보았을 때 어떻게 해야 할까요?

15. 오늘 2교시에 수학 시험을 봤어요. 옆자리에 앉은 소미와 답안지를 바꿔서 채점했는데 준이는 100점을 받았고, 소미는 5개를 틀렸어요. 소미는 5개나 틀린 게 창피해서 시험지를 서랍에 빨리 넣었어요. 준이는 소미를 보고 "너 5개나 틀렸어? 나는 다 맞았는데."라고 말했어요. 소미는 그 말에 기분 나쁜 표정으로 준이를 쳐다보았어요.

1) 소미는 준이의 말을 듣고 왜 기분이 나빴을까요?

2) 말을 할 때는 듣는 사람의 기분을 생각하면서 말해야 해요. 준이는 소미에게 어떻게 했어야 할까요?

16. 오늘은 짝꿍을 바꾸는 날이에요. 준이는 소미와 짝을 하고 싶어서 기다리고 있는데, 은서가 준이에게 같이 짝을 하자고 했어요. 준이는 “싫어. 너랑은 짝 안 해.”라고 말했어요. 그러자 은서는 속상해서 울고, 선생님은 “준아, 거절할 때는 미안한 마음을 담아서 표현해야지.”라고 하셨어요.

1) 은서는 왜 울었을까요?

2) 친구의 부탁을 들어줄 수 없을 때도 있어요. 어떻게 거절해야 친구가 속상하지 않을까요?

17. 오늘은 체육 시간에 둘이 함께 줄을 넘는 짝 줄넘기를 배우기로 했어요. 선생님은 준이와 민지를 짝으로 정해 주시고는 같이 연습해 보라고 하셨어요. 그런데 준이는 민지가 싫었어요. 준이는 민지가 보는 앞에서 엉엉 울면서 선생님께 "선생님, 전 민지랑 짝 하기 싫어요."라고 말씀드렸어요. 준이의 말에 선생님은 몹시 언짢아하셨어요.

1) 준이가 우는 모습을 본 민지는 기분이 어땠을까요?

2) 친구를 싫어할 수는 있어요. 하지만 싫어하는 마음을 그대로 표현하는 것은 친구의 마음에 상처를 주는 행동이에요. 준이는 어떻게 했어야 할까요?

18. 수업 시간에 역할극을 했는데 준이는 원숭이 역할을 맡았어요. 준이가 “우끼끼끼” 소리를 내며 원숭이 흉내를 내는 모습을 보고 친구들은 깔깔대며 웃었어요. 다음 날도 준이는 친구들만 보면 원숭이 흉내를 냈어요. 그런데 친구들은 어제처럼 준이의 행동을 재미있어 하지 않았어요. 준이가 계속 원숭이 흉내를 내자 친구들은 “이제 그만해.”라고 소리를 질렀어요.

1) 친구들은 준이의 행동을 보고 왜 더 이상은 웃지 않았을까요?

2) 친구들이 내 행동을 좋아하지 않는다는 것을 어떻게 알 수 있을까요?

19. 어버이날, 준이네 가족은 할아버지와 할머니를 모시고 식당에 갔어요. 준이는 저녁을 다 먹고 나니 너무 심심해서 엄마에게 빨리 집에 가자고 했어요. 그러자 엄마는 “어른들이 저녁을 다 드셔야 갈 수 있지. 조금만 기다려.”라고 하셨어요. 준이는 짜증을 부리며 “할아버지, 할머니, 이야기 그만하고 빨리 밥 먹어요.”라고 소리를 질렀어요. 준이의 고함 소리에 할아버지, 할머니는 깜짝 놀라셨고, 엄마는 얼굴이 빨개지셨어요.

1) 준이의 엄마는 왜 얼굴이 빨개지셨을까요?

2) 어른들께는 예의 바르게 행동해야 해요. 집에 빨리 가고 싶은 준이는 어떻게 했어야 할까요?

20. 미술 시간에 선생님은 “오늘은 짝꿍이랑 협동 그림을 그려볼 거예요. 즐거웠던 학교생활 중 그리고 싶은 것을 그려 보도록 하세요.”라고 말씀하셨어요. 소미와 준이는 지난주에 친구들과 운동장에서 물총놀이를 했던 날을 그리기로 했어요. 준이가 먼저 해를 그리자 소미는 색칠하려고 빨간색 크레파스를 집었어요. 그러자 준이가 큰 소리로 “해는 빨간색이 아니라 노란색이야!”라고 말했어요. 소미는 “해는 빨간색인데…….”라고 말했지만 준이는 큰 소리로 “아니야! 내 말이 맞아!”라고 소리쳤어요.

1) 준이가 소미의 생각이 틀렸다고 소리쳤을 때 소미의 기분은 어땠을까요?

2) 내 생각이랑 다른 사람의 생각이 다를 때가 있어요(예: 재미있는 게임, 맛있는 햄버거 종류). 내 생각과 다른 사람의 생각이 다를 때는 어떻게 하면 좋을까요?

21. 체육 시간에 준이네 반 친구들은 피구를 했어요. 준이는 공에 맞지 않으려고 열심히 피했어요. 그러다가 상대 팀 친구가 던진 공을 받았어요. 그동안 피구를 많이 해 보았지만 공을 받아 본 건 처음이었어요. 공을 받은 준이는 신이 나서 공격을 하려고 하는데, 아인이가 "너보다 내가 더 잘하니까 내가 던질게. 공 이리 줘."라고 말하며 공을 달라고 손을 내밀었어요. 준이는 공을 정말 던지고 싶었지만 할 수 없이 아인이에게 공을 주고 말았어요.

1) 아인이에게 공을 줄 때 준이의 기분은 어땠을까요?

2) 게임은 다 같이 즐거운 시간을 보내기 위해서 하는 거예요. 예를 들어, 피구를 할 때 잘하는 사람만 공을 던져야 하는 건 아니에요. 준이는 아인이에게 공을 양보하는 대신 뭐라고 말하면 좋았을까요?

22. 준이는 오늘 엄마와 새로 산 게임을 같이 하고 싶었어요. 그런데 엄마는 "엄마가 지금 좀 쉬어야 할 것 같아. 다음에 하자."라고 말씀하셨어요. 그래도 준이는 "지금 같이 하고 싶어요. 왜 지금 못 해요?"라고 말했어요. 엄마는 기운 없는 목소리로 "준아, 엄마가 감기에 걸린 것 같아. 머리가 많이 아파서 그래."라고 하셨어요. 그래도 준이가 계속 게임을 하자고 칭얼대자 엄마는 속상한 표정으로 준이를 바라보셨어요.

1) 준이 엄마는 왜 속상한 표정으로 준이를 바라보셨을까요?

2) 엄마(아빠)가 아프실 때 어떻게 해야 할까요?

23. 쉬는 시간에 민지는 준이에게 “어제 우리 강아지가 아파서 병원에 입원했어. 많이 아픈지 계속 울더라.” 하고 속상한 마음을 이야기했어요. 하지만 준이는 “아, 그랬어?” 라고 대답하고는 보고 있던 책만 계속 읽었어요. 민지는 그런 준이를 보니 더 속상한 마음이 들었어요.

1) 민지는 왜 더 속상한 마음이 들었을까요?

2) 친구가 속상해하거나 슬퍼할 때 위로해 주는 친구가 좋은 친구에요.
준이는 민지에게 뭐라고 말했어야 할까요?

24. 아침에 선생님께서 걱정된 얼굴로 "소민이가 어제 자전거를 타다가 넘어져서 팔이 부러졌어요. 그래서 오늘 결석해요."라고 말씀하셨어요. 친구들도 모두 놀라서 "소민이 많이 다쳤어요?" "병원에 입원했나요?" "언제 학교에 올 수 있어요?"라고 물어보았어요. 선생님이 걱정하는 친구들에게 대답을 해 주시려고 하는데 준이는 큰 소리로 "선생님, 9시가 넘었어요. 수업 시작할 시간이에요. 이제 공부해요!"라고 말했어요. 소민이를 걱정하던 선생님과 친구들은 준이를 당황한 얼굴로 바라보았어요.

1) 준이의 말에 선생님과 친구들은 왜 당황했나요?

2) 대화할 때는 분위기를 파악하는 것이 중요해요. 소민이가 아파서 다들 걱정하는 분위기일 때 준이는 어떻게 했어야 할까요?

25. 소미는 쉬는 시간에 복도에서 뛰다가 선생님께 혼이 났어요. 준이는 그 모습을 보고 "소미야, 왜 혼났어? 응? 말해 봐. 왜 혼났어?" 하고 자꾸 말을 시켰어요. 소미는 "나 기분이 좋지 않으니까 지금은 이야기하고 싶지 않아."라고 말했어요. 그런데도 준이가 계속 "복도에서 뛰어서 혼난 거야?"라고 말을 걸자 소미는 아무 대답도 하지 않고 교실에서 나가 버렸어요.

1) 소미는 준이가 말을 거는데 왜 아무 대답도 하지 않고 교실에서 나갔을까요?

2) 친구가 혼나서 속상해하거나 슬퍼할 때 어떻게 해야 할까요?

26. 은서는 수업 시간에 장난을 치다가 선생님께 혼나서 기분이 좋지 않았어요. 준이는 그런 은서에게 "이거 어린이날에 선물로 받은 필통인데, 어때? 너무 멋지지?"라고 물었어요. 하지만 은서는 준이의 질문을 듣고도 아무 대답도 하지 않았어요.

1) 은서는 왜 준이의 질문에 아무 대답도 하지 않았을까요?

2) 친구가 기분이 좋지 않아요. 그런데 나는 친구에게 자랑하고 싶거나 기분이 좋은 일이 있어 말하고 싶어요. 어떻게 해야 할까요?

27. 3월, 새 학년이 된 준이는 새로운 교실에서 새 친구들을 만났어요. 짝이 된 친구와 "안녕, 나는 준이야. 네 이름은 뭐니?" 하고 인사도 나누고, 이름도 물어보았어요. 그리고 "너는 왜 이렇게 키가 작아?"라고 궁금한 점을 물어보았어요. 그러자 친구는 책상에 엎드려 울고, 그 모습을 보신 선생님도 언짢아하셨어요.

1) 준이는 궁금해서 물어보았을 뿐인데, 친구는 왜 울었을까요?

2) 상대방을 불편하게 만드는 질문도 있어요. 피해야 할 질문은 어떤 것이 있을까요?

28. 오늘은 준이의 생일이에요. 친구들이 생일 축하 노래도 불러주고, 다 같이 맛있는 케이크도 나누어 먹었어요. 그리고 선생님께 선물도 받았어요. 선물 상자를 열어보니 수수께끼 책이었어요. 준이는 선물이 마음에 들지 않아 실망했어요. 그래서 집에 갈 때 책상 위에 선물을 그냥 두고 갔어요.

1) 책상 위에 두고 간 선물을 선생님이 보시면 기분이 어떠실까요?

2) 선물에는 주는 사람의 마음이 담겨 있어요. 마음에 들지 않는 선물을 받아 본 적 있나요? 마음에 들지 않는 선물을 받았을 때 어떻게 해야 할까요?

29. 준이는 점심시간에 소미의 이에 고춧가루가 끼어 있는 것을 보았어요. 그래서 큰 소리로 "소미야, 이에 고춧가루가 끼었어."라고 말해 주었어요. 그러자 주변에 있던 친구들이 모두 소미를 바라보았어요. 소미는 얼굴이 빨개지더니 준이에게 고맙다는 말도 없이 화가 난 표정으로 일어나 가 버렸어요.

1) 준이는 소미를 도와주려고 한 말인데, 소미는 왜 화가 났을까요?

2) 친구가 부끄러울 만한 상황에 있을 때(예: 친구의 눈에 눈곱이 끼었을 때, 친구가 쓴 글의 맞춤법이 틀렸을 때 등) 어떻게 하면 좋을까요?

30. 오늘은 수학 시험이 있는 날이에요. 준이는 100점을 맞아 기분이 좋았어요. 그런데 옆에 앉아 있는 은서의 답안지가 바닥에 떨어져서 준이가 주워 주었는데 점수가 30점인 것이 보였어요. 은서는 당황한 얼굴로 "내 점수 봤어?"라고 물어보았어요. 준이는 "아니, 못 봤어."라고 말했어요.

1) 준이는 은서의 점수를 봤는데도, 왜 못 봤다고 말했을까요?

2) 듣는 사람의 기분을 배려해서 한 거짓말은 착한 거짓말 또는 하얀 거짓말이라고 해요. 착한 거짓말을 해 본 적이 있나요? 착한 거짓말이 필요한 상황을 한 가지 생각해 보세요.

31. 준이는 학교가 끝나고 소미네 집에 놀러갔어요. 소미네 어머니는 준이가 놀러 왔다고 정성껏 김밥을 만들어 주셨어요. 준이는 한입 먹어 보고는 인상을 찌푸리며 "아주머니, 김밥이 너무 맛이 없어요. 저는 안 먹을래요."라고 말했어요. 소미와 엄마는 기분이 좋지 않았어요.

1) 준이의 말에 소미와 엄마는 왜 기분이 좋지 않았을까요?

2) 솔직하게 말하는 것이 때로는 듣는 사람의 기분을 상하게 할 수 있어요. 준이는 어떻게 말했어야 할까요?

32. 요즘 준이네 반 친구들은 점심시간만 되면 점심을 빨리 먹고 모두 딱지치기를 하면서 놀아요. 오늘도 준이와 친구들은 모두 직접 만든 딱지를 자랑하면서 재미있게 딱지치기를 하고 있었어요. 그런데 지난주에 전학 온 진우는 책상에 혼자 앉아 딱지를 만지작거리고 친구들이 노는 것을 보고만 있었어요. 그 모습을 본 준이가 "진우야, 너도 같이 와서 놀자."라고 말하며 손을 내밀었어요. 준이의 손을 잡은 진우는 준이에게 고마운 마음이 들었어요.

1) 혼자 책상에 앉아 친구들이 노는 모습을 보고만 있던 진우는 어떤 마음이었을까요?

2) 친구들과 어울리지 못하면 외롭고 재미가 없을 수도 있어요. 준이처럼 친구들과 잘 놀지 못하는 친구를 도와주었던 경험을 이야기해 보세요. 또는 도움을 받았던 경험을 이야기해 보세요.

33. 소미는 수업이 끝나 화장실에 가려고 복도를 걸어가다가 선생님께서 무거운 책을 가득 들고 걸어오시는 것을 보았어요. "선생님, 어디 가세요?" 하고 여쭤보니 선생님은 "교무실에 가요."라고 말씀하셨어요. 소미는 교무실 쪽으로 빨리 걸어갔어요. 그리고 선생님을 기다렸다가 문을 열어 드렸어요. 선생님은 "소미야, 고마워. 소미가 선생님 마음을 딱 알았네."라고 말씀하셨어요.

1) 소미는 왜 선생님을 기다렸다가 교무실 문을 열어 드렸을까요?

2) 학교나 집에서 지내다 보면 선생님, 부모님 등 어른들을 도와드릴 일이 있어요. 어른들을 도와드리고 뿌듯했던 경험을 이야기해 보세요.

34. 수업이 끝나 집으로 가는 길에 갑자기 비가 내리기 시작했어요. 준이는 어제 일기 예보에서 비가 온다는 이야기를 듣고 아침에 우산을 챙겨 왔어요. 준이는 우산을 쓰고 길을 건너는데 저 앞에 비를 다 맞고 걸어가는 지민이가 보였어요. 준이는 지민이에게 뛰어가서 우산을 같이 썼어요. 지민이는 준이를 보고 씽긋 웃으며 "고마워."라고 말했어요. 준이는 지민이와 같이 걸어가면서 "다음에는 더 큰 우산을 가지고 와야겠다."라고 웃으며 말했어요.

1) 준이는 왜 "다음에는 더 큰 우산을 가지고 와야겠다."라고 말했을까요?

2) 다른 사람을 돕고 서로 나누면 기분이 좋아져요. 다른 사람을 도왔던 경험이나 도움을 받았던 경험이 있다면 말해 보세요. 그때의 기분에 대해서도 이야기해 보세요.

35. 준이는 먼 곳으로 이사를 가서 전학을 가게 되었어요. 선생님은 수업이 끝나자 준이에게 나와서 인사를 하라고 하셨어요. 준이는 "친구들아, 건강하게 잘 지내. 다음에 놀러 올게."라고 말했어요. 준이가 인사를 하고 자리에 앉자 반 친구들 모두가 준이 자리에 와서 미리 써 놓고 만든 편지와 꽃을 주었어요. 준이는 친구들이 정성껏 쓴 카드를 보니 눈물이 핑 돌았어요.

1) 준이는 친구들이 정성껏 쓴 카드를 보고 왜 눈물이 핑 돌았을까요?

2) 친했던 친구가 멀리 이사를 가거나 전학을 가게 되어 편지를 쓴다면 어떤 말을 써 주면 좋을까요?

36. 월요일 아침이에요. 준이가 학교에 들어가려 하는데 실내화를 안 가지고 온 것을 알게 되었어요. '어떡하지?' 준이는 모든 친구가 실내화를 신을 텐데 혼자 안 신고 들어갈 것을 생각하니 걱정이 되었어요. 짝꿍인 진우는 실내화를 안 가지고 온 준이를 보고 "우리 한 짝씩 신을까?" 하고는 실내화 한 짝을 나누어 주었어요. 준이와 진우는 실내화를 한 짝씩만 신고 있는 서로의 모습을 바라보며 웃었어요. 준이는 진우가 "화장실 갈 때는 이야기해."라고 말해 주어 더 고마웠어요.

1) 진우는 준이에게 왜 "화장실 갈 때는 이야기해."라고 말했을까요?

2) 친구가 필요한 물건(예: 준비물)을 안 가지고 온 것을 알아차린 적이 있나요? 친구에게 물건을 빌려주었던 경험을 이야기해 보세요.

[저자 소개]

김선경(Kim Sun-kyung)

이화여자대학교 특수교육과 학사, 석사, 박사
현 이화여자대학교 아동발달센터 부소장
가천대학교 특수치료대학원 초빙교수

〈주요 저서 및 역서〉
아이랑 이야기하며 함께 보는 동화책 1, 2(공저, 피치마켓, 2020)
초등학교 입학준비 Q&A: 발달이 느린 아이를 위한 학교생활 안내서
(공저, 에이스북, 2022)
일상에서의 자폐성장애 영유아 발달지원(공역, 학지사, 2020)

송유하(Song Yu-ha)

이화여자대학교 특수교육과 석사
전 백석대학교 유아특수교육학과 강사
현 이화여자대학교 아동발달센터 연구원

〈주요 저서〉
아이랑 이야기하며 함께 보는 동화책 1, 2(공저, 피치마켓, 2020)
초등학교 입학준비 Q&A: 발달이 느린 아이를 위한 학교생활 안내서
(공저, 에이스북, 2022)

오의정(Oh Eui-jung)

이화여자대학교 특수교육과 석사
전 구립 곡교어린이집 통합지원교사
서부장애인복지관 통합보육센터 순회자문교사
현 이화여자대학교 아동발달센터 연구원

〈주요 저서〉
장애아동 통합교실운영 '우리끼리 통해요'(공저, 곡교어린이집, 2001)

사회성을 키워 주는 사고력 훈련
- 사회인지 워크북 -
Thinking Training for Developing Social Skills: Social Cognition Workbook

2023년 6월 30일 1판 1쇄 발행
2024년 8월 20일 1판 4쇄 발행

지은이 • 김선경 · 송유하 · 오의정
펴낸이 • 김 진 환
펴낸곳 • (주) 학지사
04031 서울특별시 마포구 양화로 15길 20 마인드월드빌딩 5층
대표전화 • 02) 330-5114 팩스 • 02) 324-2345
등록번호 • 제313-2006-000265호
홈페이지 • http://www.hakjisa.co.kr
인스타그램 • https://www.instagram.com/hakjisabook

ISBN 978-89-997-2918-8 93370

정가 17,000원